MAVIE GROUP CEO/ DESIGNER
ヒロコ・グレース

今すぐ人生が動き出す ライフデザイン BOOK

JN098933

大和書房

For this is the journey
that men and women make,
to find themselves.
If they fail in this,
it doesn't matter much else
what they find.

人生とは、真の自分を見つける旅路である。
それに失敗したなら、他に何を見つけても意味がない
　　　　　　　　──ジェームズ・ミッチェナー

これまでの人生で、真の自分は見つかりましたか？
自分が何を大切にし、何を愛し、何に価値を見出すか、
知っていますか？

"自分の美学"を持って
ライフスタイルをバージョンアップさせていく、
全ての人に本書を贈ります。

PROLOGUE

未来をインストールして理想を現実化させましょう

　こんにちは。現在、アメリカのロサンゼルス（LA）を拠点に、ライフスタイルデザイナーとして活動しているヒロコ・グレースです。会社経営は28年目となり、日米で合計4社を経営しています。大好きな街で、心満たされる暮らしとワクワクする仕事、愛する人々に囲まれ、日々楽しくて仕方ありません。毎日、カラダの細胞がプチプチと跳ねて喜んでいる感覚、自分が日々「ワクワク！」「なんだか楽しい！」と、喜んでいる感覚があります。

　とはいえ、最初からこの日々を手にしていたわけではありません。約30年前、20代半ばに差し掛かろうとしていた頃の私の生活は、住む家も、身にまとうお洋服も、毎日の仕事も、「好き」からは遠くかけ離れていました。いつも何かが足りないという思いがあり、違う何かが欲しいけれど、何を望んでいるかさえわからない――そんなうつうつとした日々を過ごしていました。

　今振り返ると、真の自分自身を知らないからこそ、社会にもどこにも

3

居場所を見つけることができなかったのだと思います。崩壊寸前の私は「全てを変えたい」という強い思いから、日本脱出を計画。幸運にもアメリカの永住権（グリーンカード）を取得でき、ニューヨーク（NY）に単身で移住しました。私が私らしく生きるための旅の幕開けでした。

　NYではその時その時、好きと思えるエリアに住み、好きと思えるインテリアを施し、好きなお洋服に身を包み、好きなジュエリーを身につけました。誰の目も気にせず、誰にも遠慮せず、自分の想いを思いっきり叶えていくことの楽しさ、心の充足感を感じながら、「好き」を盛りだくさんに取り入れたライフスタイルを叶えていきました。

　こうしてライフスタイルから想いを叶えていくと、内なる力がみなぎり始め、起業をしようと決意。ビジネス経験もないまま、無謀にもNYに会社を設立し、オフィスを借り、スタッフを雇用して起業しました。

　ビジネスの成功と失敗を経験しながらも必死に立ち向かっていた経営12年目、家族のサポートのために3年間限定で日本へ一時帰国。その直後に、人生は思いもしなかった方向へ。大きな挫折を経験し、何もかも、ほとんどの物質的なものを失いました。

　さらには永住権を手放さざるを得なくなり、アメリカへ戻る道が閉ざされました。しかし、私の心の奥深くには、再びLAやNYで暮らすという強い願いがずっと残っていました。でも1年、そしてまた1年と、日本に住む期間が長くなるにつれて「もう、この願いは叶わないかもしれない」と思うようになりました。今ある目の前の幸せに、依存してしまっていた部分もありました。

　50歳を迎えたある時、人生の残り時間に思いを馳せてみました。「もし今、人生が終わったとして、後悔することはあるだろうか？」と自問しました。これまで多くの困難に直面しながらも、力の限りを尽くして生きてきた自負がありました。ですが、心の奥底には、まだ果たせていない夢への未練が残っていることに気がつきました。「もう一度、アメ

リカでの暮らしを」と求める心と、「ビジネスでのさらなるチャレンジ」への渇望。

そして52歳の時に人生を大きく転換し、夢に向かって新たな一歩を踏み出しました。LAに再移住し、今度は娘とともに米国でジュエリーブランドを立ち上げ、CEO兼デザイナーとして、今まさに新たな道を歩んでいます。

この本を書くにあたって、何度も何度も、なぜ私が理想を現実に変えることができたのかを深く突き詰めて考えました。答えは、理想を思い描き、理想に近づくために「未来をインストール」して行動を起こすこと、周りの声ではなく「自分の心の声」に従うこと、行動してみて違和感があれば「軌道修正をし、また行動を続ける」ことでした。

中でも一番大きな鍵は「未来をインストール」すること。これは理想を先取りして体験し、すでに理想を叶えたマインドで生きることで、望む未来を現実化させることです。ファッション、ライフスタイル、住まい、仕事……私たちの生活のありとあらゆる側面に未来をインストールして、理想を叶えていくのです。

本書では、そんな変化を生み出すためのヒントをお届けします。一つずつの実践は小さな一歩かもしれませんが、積み重ねることで、大きな扉を開く鍵となるはずです。

私たちが本当に望む未来は、外の世界ではなく、自分自身の内側にあることを、私は学びました。この本を通じて、あなたも自分自身の内なる力を信じ、大切な夢を現実に変える旅を始めていただけたら、これ以上の喜びはありません。

この本を手に取った今がタイミング。未来を先送りせず、人生の舵を握り、理想を叶えていきましょう。未来はあなた次第です。

CONTENTS

Chapter 3　空間づくり

ONE

マインドセット

♯「出る杭になる！」と覚悟を決める

　心の奥底に秘められた本当の想い。そこには、未知なる可能性が広がっています。しかし、時にその想いを見失ってしまうことも。「本当は何を求めている？」「どうなっていきたい？」と問いかけても、答えが出ない。心に従って生きることの難しさを、誰もが経験したことがあるのではないでしょうか。

　私たちの価値観は、育った環境や文化に影響されるもの。協調性が重視される日本では、自分を抑えてでも他者と調和するのが良いという価値観が根づいています。そのため「出る杭は打たれる」と知らぬ間に心に刻まれ、自己を表現することを恐れ、グループの一員として溶け込むことを無意識に優先し、自分の想いを自覚しづらくなってしまうのかもしれません。

　アメリカに住んでいると、**個人を表現しなければ何も始まらない**と感じる場面に多く出くわします。一人ひとりが自分の価値観を持ち、自分の想いを大切に生きる。「自分は自分、他人は他人」とクリアな境界線があるのです。

　大人になった今だからこそ、「みんな一緒」という子ども時代からの枠組みを外しましょう。「自分の心を取り戻す！　出る杭になる！」と覚悟を決め、自分の価値を認める。それが、自分らしい生き方を選択する勇気に繋がります。

　全ての土台は、自分の想いを大切にすること。それぞれが、それぞれの想いを尊重した上で協調性を持つことができれば、最強ではないでしょうか。私たち一人ひとりの意識改革により、生きやすい世の中をつくっていければ楽しいですよね。

\# 自分美学で生きる

「自分美学」は、内面に根ざした価値観です。「何を大切にし、何を愛し、何に価値を見出すのかを表す」集大成。一人ひとりの感情や経験が創り出す独自の哲学とも言えるものです。自分美学は、人生の質と深さを決定する大切な要因だと私は思っています。

私は「Stylish に生きる」という自分美学を大切にしています。その根源は、二十数年前に NY で過ごした時間。NY に息づく多様なライフスタイルと感性があまりにも豊かで、その魅力に心を奪われました。この経験が、今の私の価値観を形成した重要な要素の一つとなっています。

　こうしてつくり上げてきた自分美学は、人生を生み出すパワー。「クリエイティビティ（創造性）」「イノベーション（変革）」「パッション（情熱）」を軸に、日々「Stylish に生きる」を具現化しています。これは単なる仕事のアプローチやライフスタイルではなく、自分の存在そのものでもあります。

　自分美学を育てることは、心豊かな日常をつくること。そして、望む未来と意義のある人生をつくることです。未来を描き、未来の自分に向かって生きる。時に、どんどん先取り体験をしてみるのも大事。望む未来を今味わうことで、創造の連鎖が生まれ、知らぬ間に自分の中に未来がインストールされていきます。

　自分美学を育み、自分美学に従って生きることで、多様な個性が生きる豊かな世界が生まれていくように思います。

　自分美学を築く過程は、自己探求の旅。

自分美学をつくるには？

　例えば、私が NY 生活を通じて「Stylish に生きる」という自分美学を築けたのは、多様な人々との出会いと交流によって、新たな価値観に触れ、自分自身の価値観が浮かび上がってきたからです。

　自分美学をつくるのは、他人の価値観をそのまま受け入れることとは異なります。鵜呑みにするのではなく、**新たな価値観をインスピレーションの種にして「自分の場合はどうだろう？」と心の声に耳を傾け、自分を理解し、自分なりの信念や美意識を知って、日々の選択に活かしていくのです。**

　あなたが、もしまだ自分美学を見つけていないなら、今からでも遅くはありません。ぜひ新たな世界にふれ、内側から湧き上がるものを発見するところから始めてみてください。

WORK 自分美学の探求

自分をより深く理解し、自分だけの価値観と美意識を見つけるワークです。好きな飲み物を用意して、ゆったりとした気持ちで行ってみてください。

1 ANALYSIS ／ 自分を知る

▶ 自分の強みは何ですか？

▶ 弱みや改善したいことは何ですか？

▶ これまで最も刺激を受けた体験は何ですか？

▶ 人生が変わった瞬間や出来事は何ですか？

▶ 自分を一言で表現すると？

▓ 自分が望む人生、成功とはどんなものですか?

2 INSPIRATION ／ インスピレーションの種を知る

▓ どんな時に一番エネルギーを感じますか?

▓ 魅力的だと感じる人は誰ですか?　その理由は?

▓ 自分を元気にしてくれる場所、人、言葉は?

▓ どんな環境に幸せを感じますか?

3 VALUES ／ 価値観を知る

▶ 自分にとって最も大切な価値観は何ですか？

▶ 人生で追求したいテーマは何ですか？

▶ 自分が他人と違うと感じることはありますか？
それはどんなこと？

▶ 自分にとって、信頼できるのはどんな人？

▶ これまで、どうしても許せなかったことはありますか？
それは何ですか？

Let's do it

4 YOURSELF／自分らしく生きる

▶ これまでの自分の生き方を一言で表現するなら？

▶ どんなライフスタイルや生き方を目指していますか？

▶ 自分が一番輝けるのはどんな時？

▶ 自分らしさを一番表現できる場所、色、アイテムは？

　どんな気づきや発見がありましたか？　このワークが自分だけの美学を探求し、築き上げる土台になれば嬉しいです。きっと、あなたの人生をより豊かで、意義深いものに変えてくれるでしょう。

過去に生きない

　私たちは時々、今の現実に満足できず過去に目を向けてしまいがち。「あの時、もしああしていれば……」。そんな思いに囚われ、過去の選択や行動を後悔してしまう。しかし、これを繰り返していると、"今"を生きる喜びが薄れてしまいます。

　確かに今の状況は、過去の選択の積み上げでできあがっているもの。しかし未来は、今の延長線上にあるとは限りません。まったく別の道を切り拓くこともできます。

　過去に起こった出来事と向き合い、積極的に受け入れ、学びとして未来に活かす。そんな力を誰もが兼ね備えていると、これまで多くのクライアントさんを見てきて思います。

　物事の捉え方を変えることは、自己の成長と未来への扉を開く鍵。過去の事実は変えることができませんが、事実の解釈と今への影響は、自分の手で変えられます。**良いことも悪いことも、全ての経験は、自分を成長させてくれる貴重なレッスン。**心を広げ、多角的に物事を見ることで、過去の出来事が価値ある学びになります。過去から学ぶことで、今を、より明るい未来へと繋げていくことができます。

過去を超える経験をする

　誰もが過去の選択に、何らかの後悔や未完の夢を抱えているもの。あの日あの時、何かしらの"理由"が壁となり、叶えられなかったこと。そんな心残りのある想い、あなたはどう扱っていますか？

　夢を100％叶えるのは難しいかもしれません。でも、未来を変える力は、誰もが持っています。

　例えば、学生時代に第一志望の大学への進学が叶わなかったとしても、社会人として大学院や専門学校で新たな知識を学ぶことができます。望んでいた業界でのキャリアを築けなかったとしても、転職や独立を通して、その業界や憧れていた会社に関わることもできるかもしれません。

　未来は未完成のまま、無限の可能性を秘めています。過去をパワーに変え、**「これからできること」に力を注ぐことで、未来は大きく変わります。**

　過去を超えれば、望む未来は叶っていくのです。

＃ 価値ある情報を見極める

　時に私たちは、流行りの言葉や考えに影響され、他人の意見を自分の意見にしてしまいがち。しかし、**自分の意見は、他人の言葉からではなく、自分が深く探求し吟味した結果、生まれるものです。**

　情報があふれかえっている今、「自分にとって価値ある情報か」「自分の人生や価値観を豊かにしてくれるものなのか」を見極めることが大切。その見極めが、流行や他人に流されることのない自分軸を築き上げ、自分を成長させてくれます。

　物事に受け身でいるのは、無関心と同じこと。未知のものに対して「なんとなくこういうもの」とざっくりと捉えてしまうと、選択肢が狭まり、成長の機会が奪われてしまいます。

　「こういうの、見たことある」「またこのパターンね」などと決めてしまわずに、「なぜ、こう言われているんだろう？」「どんな気持ちが隠れているんだろう？」と深く理解する。その上で「自分はこうしたい」と明確な判断を下す。そんな主体性を持つことが、成熟した社会で豊かな暮らしを生むポイントだと感じます。

　日々の情報との向き合い方と選択の一つひとつが、自分を表現し、アイデンティティを形づくるもの。主体的に情報を吟味し、自分にとって価値あるものだけを、価値ある形で取り入れる。それが自分を築き上げ、他人とは違うユニークな価値観を持つための第一歩です。

世界の情報にふれてみる

　主体的に情報を取りにいく時、せっかくなら新たな世界の情報にもふれてみましょう。他人とは違うユニークな価値観が育ち、自分らしさの種が新たに見つかるかもしれません。

　例えば、海外の情報にアクセスしてみる。一部のウェブブラウザには、英語のページを日本語に翻訳するオプションがあります。完璧な翻訳で

　はないかもしれませんが、海外の最新情報を日本語で気軽に読めるのは大きなメリット。日本の枠を超えて新たな価値観にふれ、インスピレーションを得るのに役立ちます。海外のトレンドが日本に届くまでにはタイムラグがあるので、いち早く世界の動きを知ることで、先手を打つこともできます。

　日本語で得た情報をより深く理解するために、海外の情報にふれるのもおすすめ。「日本ではこう言われているけれど、海外ではどうなんだろう？」「日本のこのトレンドは、海外でも流行っているのだろうか？いつどこで人気になり、どうやって日本に入ってきたんだろう？」などと、いろんな角度から見ていくのです。多角的に物事を見るための良い練習になりますし、視野がどんどん広がり、毎日がもっと楽しくなるでしょう。

♯ 心が躍る先取り体験を繰り返す

　心が躍る瞬間は、自己成長の種。ワクワクする発見は、未来への扉です。「成長した先に得たい感情」や「未来で目にしたい景色」を常に意識し、色々な経験を通して鮮明に描き出していきましょう。そのために必要なのは「未来の先取り体験」。「こんなところで、こんなことをして、こんな気持ちを味わってみたい！」という望みを"今"叶えることで、本当の望みを明らかにしていくのです。なぜなら現実では、「想像した未来」とはまったく異なる出来事や感情が待ち受けていることが多いから。

　私自身の例です。私は子どもの頃から、おうちやインテリアが大好きで、空間が作り上げる世界に魅了されていました。さらにお洋服も好き、ジュエリーも好き。「その全てを形にできる仕事はないかな、ブティックのオーナーかな？」などと考えながらも、どうやったら実現できるかわからず、早々に諦めてしまいました。歳月は流れ、自分が積み上げてきたキャリアは、インテリアの世界とは大きくかけ離れていました。

　しかし数年前、人生も半ばにさしかかり、改めて「自分の人生に何を求め、どう生きたいのか」という問いに向き合った時、昔の夢がよみがえりました。そして今、子どもたちも大きく成長し、自分も精神的・経済的に自立できているこのタイミングこそ、かつての夢に挑戦する最良のチャンスかもしれないと思ったのです。

　やろうと決めたらすぐに、インテリアのお仕事をいくつかいただくことができました。しかし実際に手がけてみると、仕事としてのインテリアと私が夢見ていた世界とは、異なるものであることに気づきました。私が本当に求めていたのは、お客様に合わせた創作ではなく、自分を表現し、自分美学を形にすることだったのです。

　もしあの時、挑戦せずにいたら、きっと80歳になっても「本当はインテリアデザイナーになりたかった」と、未練と後悔を抱き続けていた

でしょう。しかし実際にその道に進むことで、心に新たな風が吹き、次に進むべき道が見えてきました。それが、ジュエリーの世界。インテリアデザインに挑戦してみなければ、一生出会うことのなかった世界です。

この経験を通して、私は確信しました。どんなに小さな一歩であろうと、踏み出すことで未来は広がり、新たな自分に出会えるのだと。

「怖がる気持ち」をなくすには

知らない世界は、誰もがはじめは怖くて、不安を抱いてしまうもの。しかし未知の世界に一歩足を踏み入れることで、見えなかったものが見えるようになり、わからなかったことがわかるようになり、だんだんと怖さは消えていきます。

例えば、「将来海外に住みたい」と夢リストに書いていたとします。いつか住めたらいいなという夢をずっと抱いているのも楽しいけれど、ただの夢で終わってしまうと、本当の意味で満足することはできません。

夢は叶えるためにあるもの。叶えていくために行動することが必要です。とはいえ、最初から大きくチャレンジするのは気が引ける。そんな時は、スモールステップで進めば大丈夫。例えば、いきなり移住を計画するのではなく、試しに2週間滞在してみたり。ホテルに泊まるのではなく、Airbnbでキッチン付きのおうちを借りて、スーパーで買い物をしてご飯を作ってみたり。現地のヨガやダンスレッスンに参加してみたり。海外でやってみたいなと思っていたことを、実際に体験してみるのです。

アクションを起こし、自分の中の想いを現実と照らし合わせることで、「本当に望んでいることなのか」「自分に合っているのか」が見えてきます。

同様に、何かを手に入れたいと思った時、実際に試してみることで、

その物への気持ちが本当なのかがわかります。例えば服やバッグなら、試着したり肩にかけてみたりして、どう感じるかを探ってみましょう。

　自分の気持ちや興味を深掘りするには、実際に経験するのが一番。経験することで自分の気持ちがクリアになり、方向性が見えてきて、「怖がる気持ち」を超えて未来を作っていけるようになるのです。

途中経過を公開する

インテリアのお仕事を始める時、SNSでインテリア専用アカウントを作って公開しました。その時に、「うまくいくかわからないうちから公開して、大丈夫なんですか？」と質問を受けました。私の答えは即答で、「大丈夫」です。結果的に、インテリアの事業を続けることはありませんでしたが、それでも私には後悔がありません。

成功の定義は、人によって異なります。私にとっては、最終目的に達するよりも、その過程で何を感じ、学びを次にどう生かしていくのかが大切。時には途中で方向を変えることもありますが、それさえもが新しい発見と学びの一部なのです。

私がSNSに投稿する背景には、"女性をエンパワーする"という大きな目的があります。**私たちは、完璧である必要はありません。**私自身も完璧ではなく、失敗と成功を繰り返しながら前に進んでいます。自分を信じ、心に従い、自分の想いを叶えて生きています。それは、とても幸せなことなのです。

ポンコツでもいい、完璧でなくてもいい。大切なのは、自分を信じ、自分の道を進む勇気です。失敗を恐れず、どんな結果も価値ある経験として受け入れ、力に変えて未来へと進んでいく。私の発信は、そんなメッセージを皆さんと共有したいという想いから始まっています。

恥ずかしさやかっこ悪さという概念を超えて、何も恐れずに自分らしくいる。その先に、本当の自己成長と、これまでにない新たな世界が待っています。

今こそ自由に大胆に、恐れずに前に進んでみませんか。その一歩が新たな可能性を切り拓き、未知なる世界へと連れていってくれるでしょう。

オープンにすると、予期せぬチャンスを引き寄せる

自分の成長と挑戦をSNSで公開する。これは成功や失敗を問わず、

真摯に人生と向き合い、夢の実現へのプロセスを共有する価値を信じるからこそできること。その姿勢は、見てくださる方々に届いていくものです。

完璧に整ってから公開するという選択肢も、確かにあります。しかし、途中経過のプロセスこそが、他者と繋がり、チャンスを引き寄せてくれるものだと私は思っています。なぜなら、チャンスは人との繋がりから生まれるものだから。**挑戦を目に見える形で共有することで、そのエネルギーは増幅され、予期せぬご縁や機会を創出していく**のです。

直感や自己との対話を大切にしつつも、他者からのチャンスにオープンでいるようにしましょう。信頼できる人からのオファーには、慎重に耳を傾けつつも、柔軟に、そして積極的に応じる。完璧ではない自分を受け入れ、その不完全ささえも力に変えて、未来に向かって進んでいく姿勢を貫く。

自分の心を信じ、自分の想いを大切にすることから、未来が始まります。一つひとつの挑戦が、予期せぬチャンスと幸せを引き寄せ、私たちの人生をより豊かで意義深いものにしてくれるでしょう。

紹介したくなるような自分になる

チャンスの扉は、常に開いています。それは自分が開くものでもあるのです。**人生は人と人との繋がり、ご縁でできていると言っても過言ではありません。**繋がりから生まれるチャンスの扉を、自分から開いていきましょう。

私自身は常に、他人が紹介したくなるような存在であり続けたいと思っています。そのために、単に自分のスキルや経歴を語るだけではなく、相手にとって価値あるもの、何か新しいものをもたらす存在であることができるよう、自分自身を磨いています。

　若い頃、私には多くの尊敬する方々との出会いがありました。彼らはたくさんの教えを授けてくださり、そのたびに私は感謝の気持ちを伝え、何かしらの形でお返しをするよう心がけていました。

　例えばニューヨークに住んでいた頃、私はあまりにも駆け出しで、何も持っていないように感じていました。しかし、お世話になった方々が必要としていることの中で自分にできることは何かを考え、貢献しようと思いました。ある時は、美味しい日本食レストランの詳しい情報をお伝えし、そのお店のオーナーやマネージャーにお繋ぎをしました。当時の私は、レストラン通だったからです。

　その行動が、次の出会い、次のチャンスへと繋がっていきました。貴重なご縁を大切にし、一つひとつの出会いに真摯に向き合ったことで、循環が起きたように思います。

　自分がどんな人だったら、相手は覚えておこうと思うのか。何かの時に誘っていただけたり、紹介してもらえたりするのか。徹底的に研究し、実践していきましょう。

T W O

ファッション

見た目は人生向上ツール

　外見は、単なる見た目以上の影響力を持ちます。

　人の内面は日々変化するもの。外見のアップデートを怠ると、内面と外見にギャップが生まれ、「今の自分」を感じられないモヤモヤの原因となります。時に、新たな挑戦への勇気を失わせ、人生の停滞に繋がることも。逆に、内面にぴったり合う外見にアップデートしていれば、セルフイメージもいつも最新のものになり、自信を持って行動を起こせます。初対面の人に対しても、何も言わずとも自分をアピールでき、人生がどんどん好転していきます。

WORK	あたなの美はアップデートされている？　CHECK

1 最後にワクワクするお洋服に
出会ってから、3ヶ月以上たっている？　　　　　(YES ・ NO)

2 日々のファッションのバリエーションは、2つ以下？
（ナチュラル、スポーティ、エレガント、キュート、ロックなど）
　　　　　　　　　　　　　　　　　　　　　　　(YES ・ NO)

3 憧れているけれど挑戦できていないファッションアイテムはある？
（肌見せ、ミニスカート、ニーハイブーツ、ジュエリーなど）
　　　　　　　　　　　　　　　　　　　　　　　(YES ・ NO)

4 最後にヘアサロンに行ってから、
3ヶ月以上たっている？　　　　　　　　　　　　(YES ・ NO)

5 気になっているけれど、
挑戦できていないヘアスタイルはある？　　　　　(YES ・ NO)

　外見が変化しないと、他者からも「変わらない人」と見られがち。**日本だと「変わらないね〜」はほめ言葉ですが、アメリカでは変わらない人は"成長しない人"だと見られてしまいます。**逆に、外見を変えれば、自分の進化をナチュラルに周囲に伝えることができます。

　本章では、ファッションを人生向上ツールとして駆使し、新しい行動を引き出すことで、夢や望みを実現するきっかけを作り出していきましょう。

6　最後に新たなコスメを買ってから、
　　3ヶ月以上たっている？　　　　　　　(YES ・ NO)

7　気になっているけれど、
　　挑戦できていないメイクはある？　　　(YES ・ NO)

8　シーンやファッションにかかわらず、
　　いつも同じヘアメイクを選びがち？　　(YES ・ NO)

9　「ラク」を優先してファッションや
　　ヘアスタイルを選ぶことはある？　　　(YES ・ NO)

10　「美のメンテナンス」が足りないと感じることはある？
　　（スキンケア、ヘアケア、歯のホワイトニング、眉毛、体型、ネイルなど）
　　　　　　　　　　　　　　　　　　　　(YES ・ NO)

YESに○をした数を
書き入れましょう　　　　──→　　　　美の活用度　　　/10

＃ 美しさの基準を外側に持たない

　年齢が積み重なっていくごとに「女性としての自分」を出しにくく感じること、ありませんか？　「もう〇歳だから」という意識が、女性としての可能性を隠してしまっているかもしれません。年齢という「制約」を自ら設け、無意識のうちに自分の行動や思考に枠を作ってしまうのです。

　そんな枠を外せるのも、やはり自分。自分次第で枠を設けることも、枠を外すことも可能です。

　私たちは日々の経験を通して、自分の視野や価値観、そして世界観を少しずつ形成していきます。つまり、年齢を重ねているということは、世界観を形成する経験が増えてきているということ。そして、これらの経験が統合されて、私たち一人ひとりの個性や魅力へと昇華されていきます。

　まずは**自分の経験をしっかり受け止め、感じましょう。その感覚を言語化できた時、"自分美学"として生かされるようになっていきます。**

　自分美学とは、美しさの基準を外側に持たないこと。世間や周りの意見、評価に惑わされることなく、これまでの経験をもとに「自分はどう思うのか」という自分基準の選択をすることが、本質的な美しさを作る一歩です。自分らしさを大切に、年齢に縛られず、積み重ねていく豊かな経験を生かしていきたいですね。

Let's do it

WORK 自分をファッションで表すと？

1 過去、現在、未来の自分をそれぞれ一言で表すと？

過去を表す一言：
その理由

現在を表す一言：
その理由

未来を表す一言：
その理由

2 これまでの経験を通して感じた、自分らしさとは？

3 上記の自分らしさ（自分美学のベース）を形成する上で、
自分に最も影響を与えた経験や出来事は何ですか？

4 "自分美学" をファッションで表現するとしたら、
どんなスタイルやアイテムを選びますか？

5 年齢や他人の目を気にせず、心から身につけたいと思う
ファッションやアイテムは何ですか？
それはあなたのどんな部分を表現するものだと思いますか？

＃ 多面的な魅力を表現する

　ファッションは、心、価値観、そして経験を映し出すもの。内面の輝きが生み出す美しさを具現化するツールと言えるものです。しかし、毎日の服選びにも「もう○歳だし」「色が派手かな」などと無意識の制約が生まれがち。制限が反映された装いは、自分の多面的な魅力を隠すことにも繋がってしまいます。

　日々の生活の中で、自分美学を育て、ファッションを通して表現することは、まさに自分の成長とリンクしています。私自身も、さまざまなスタイルで経験や心境を表現しています。例えば、アクティブなスタイルは活発さ、シックなスタイルは経験と自信、黒を基調としたスタイルは意志やエネルギーの強さ。このように、ファッションは単に着るものではなく、内面や自分美学を形にできる手段でもあるのです。

　日々の装いに意識的になると、自分の多面的な魅力を存分に発揮できるようになります。私はこうしたことを、とても面白いと思っています。

　お洋服の選び方は、量ではなく質が重要。心から好きなもの、自分を表現するものを選んでいくことが大切です。

Let's do it

WORK あなたの本当の美しさを引き出す5つの問い

1 ▶ 年齢を言い訳にして避けてきたことや、
挑戦していないことは何ですか？

2 ▶ 自分にはどんな多面的な魅力があると思いますか？
10個書き出してみましょう。
（例：活発、自然体、意志が強い、優しい）

3 ▶ これからどんな面を磨いていきたいですか？
5個書き出してみましょう。（例：センス、自分軸、リーダーシップ）

4 ▶ 2と3の上記15個の中で、普段のファッションで表現できていな
い一面は？　その理由も考えてみてください。

5 ▶ 4の一面を表現するファッションはどんなものだと思いますか？
Instagramやファッション誌などからインスピレーションを
得て、具体的な服装やスタイルを探してみましょう。

「ラク」ばかり選んでない?

　目の前に積み上がる仕事や子育て、介護などで息つく間もなく、自分をなおざりにせざるを得ない。**多彩な役割の中で、忙しさを理由に「女性としての自分が後回しになっている」と感じたことはありませんか。**

　自分を後回しにすることは、ある種のサバイバル術のようなもの。クリーニングが必要な服は脱ぎ捨て、洗濯機で洗えてアイロンもいらない生地、体型を締め付けない楽なデザインの服を選ぶ。ヘアスタイルもメイクも、選ぶ基準は "ラク" かどうか。

　ラクを選択して日々を過ごすのは、悪いことではありません。しかし、時には自分の心と向き合い、それが本当に「自分らしい選択」なのか、一度立ち止まって考える必要があるのではないかと思うのです。

「自分」以上に大切な仕事はない

　特に母親としての役割を持つ方は、大切な人たちに幸せになってほしいとの願いから、無意識に自分を犠牲にしてしまうことがあります。しかし、子へ伝えたい愛は、誰かの犠牲の上に成り立つ愛なのでしょうか?

　真の愛は犠牲の上に成り立ちません。**自分を一番大切にし、心からの幸せを感じているからこそ、注げる愛があります。** 誰も犠牲にならない、誰もが幸せになる愛の循環を、「女性としての自分」を大切にして輝かせるところから始めてみましょう。

　たとえ忙しくて時間に追われていたとしても、自分以上に大切な仕事などありません。自分を一番大切な人として扱わず、何を、誰を、大切にできるのか。自分を大切にすることを怠れば、やがて自信を失い、自分が何者で、何のために生きているのか、存在の意味すら見失ってしまうかもしれません。

　常に自分を思いやり、そして「今」を価値あるものとして生きることで、未来も自分らしく輝き続けることができます。どんな時も自分を満たし、自分らしさを失わないように、日々選択していきましょう。

WORK 自分を満たす5つの問い

1 ▶ あなたの心は、どれだけ自分を愛していますか。
0〜100%の中で、自分への愛の深さを教えてください。

(　　　%)

2 ▶ どんな時に、自分を愛していると感じますか？
自分への愛を感じる瞬間を書き出してみましょう。

3 ▶ なぜ100%まで満たされていないのでしょうか？
理由を考えてみましょう。

4 ▶ 100%の愛を感じられるよう、
自分を満たすためにできることは何ですか？

5 ▶ 少しずつ満たせるように、「女性としての自分」を
大切にするステップを5段階で考えてみましょう。

STEP 1

STEP 2

STEP 3

STEP 4

STEP 5

自分らしいファッションを追求する

「欲しいお洋服がなかなか見つからない」と感じることはありませんか。**外見を磨くための第一歩は、自分の感性を信じ、自分らしいファッションを追求すること。**年齢や他人の目という外的要因を一旦忘れて、心が動くお洋服を探してみましょう。

　これまで素通りしていたブティックに入ってみたり、SNSでおしゃれだなと思う人を見つけてみたり。自分の中に「好きなファッション・スタイルを探す」というアンテナを立てるだけで、自分の「好き」が見つけやすくなります。そして、自分の「好き」を追求し、叶えてあげることで、毎日がもっと楽しく、彩り豊かになります。

POINT　ときめく服に出会うポイント

1　好きなファッションスタイルや場所を考えてみてください。もしパリが好きなら、パリで活躍しているデザイナーが手掛けている服や人気のブティック、または、パリに暮らすインフルエンサーなどを探してみましょう。

2　Pinterestで、例えば「パリ／ファッション」と入れて検索し、ときめく服やスタイルを探してみましょう。

3　ファッション雑誌をめくり、新しいスタイルやトレンドを発見しましょう。

肌見せもミニも自由に楽しむ

　「年齢を考えると、肌見せはちょっと」「もうママだから、ミニスカートは穿けない」。こんなふうに周りに影響されて、自分の「好き」を諦めるのか。逆に、「あんなふうにファッションを楽しみたい！」と、周りに影響を与えていく人になるのか。それは自分次第です。

　私自身は、大学生の娘と服をシェアすることもよくあります。明るい色も、可愛らしいフリルも、少し大胆な肌見せも、全部チャレンジしています。そんな姿を見て、「いいなあ、50代でもこんなふうにミニを穿けるんだ!?」なんて、良い刺激を受けてくださる方も多く、「私も何十年かぶりにミニを穿きました！」と報告してくださる方も増えてきたりして、面白いなと思っています。

　たとえ自由にファッションを楽しんでいる人が周りにいなかったとしても、SNSでお手本にしたい人を探すなど上手に活用しながら枠を外し、心のままに楽しんでいきましょう。

　自分らしいスタイルを楽しむコツは、自分の価値を大切にし、感覚や感性を信じること。**自分を信じて表現していくことで自信が生まれ、人目も気にならなくなります。自分は自分。自分がHappyならそれでよし！**　です。

スケジュールはヘアサロンから埋める

「気づけば、最後にヘアサロンに行ったのは3ヶ月前」なんてことはありませんか?

忙しい日常でも、自分を大切にすることが最優先。なぜなら、**セルフケアは「自分を大切にする生き方」そのもの**だから。私自身、美容や健康のメンテナンス⇒家族の時間⇒仕事の順で予定を立てています。自分をケアすると心が豊かになり、人間関係や仕事の質も向上するためです。

POINT 自分を大切にするスケジューリング

1 { スケジュール帳を開き、
ヘアサロンの予約を入れましょう。

2 { 自分のための時間を最優先して
スケジュールを組んでみましょう。

新しいヘアスタイルは、新たな自分への扉

何年も同じ髪型を選ぶ背後には、「現状維持マインド」が潜んでいるかもしれません。これぞ、挑戦から遠ざかるサイン。髪型チェンジってただの外見だけの変化ではないのです。新しい視点、新しい生き方への第一歩ともなるのです。

ある売れっ子スタイリストさんが、こんなことを言っていました。「服を提案する時は、まず髪型を見る。服装はその日の気分や予定で変わるけれど、髪型はその人自身を表しているから」

ぜひ「今の」あなたにフィットする髪型を見つけてみてくださいね。

POINT ヘアスタイル・アップデートの心得

1 NEW LOOK ／ 自分を新しく装う
未来の自分が着ていそうなファッションに身を包み、メイク
をしてヘアサロンへ。**望むイメージが美容師さんに伝わりや
すくなります。**

2 REQUEST ／ 望む自分像を伝える
「おとなしく見られがちなので、芯のある強さを感じさせる
スタイルにしたい」「知的で仕事ができる雰囲気になりたい」
といった望むイメージを具体的な言葉で伝えましょう。「パー
マをかけたい」「10㎝切りたい」などの言葉よりも、**なりた
い自分像**を伝えるほうが、美容師さんはイメージを汲み取っ
てくれます。

3 TRUST ／ 美容師さんのプロフェッショナルさを信じる
「この人なら！」と思う美容師さんに出会ったら、**プロの手
に自分を委ねましょう。** プロ目線で、今の自分を超える最も
似合うスタイルを見つけてくれるでしょう。

メイクとお肌の土台づくり

私たちの顔は、時を重ねるごとに変わっていきます。**今の美しさを最大限に引き出して楽しむ。それが、自分を好きでい続けられる秘訣。**変わりゆくトレンドをキャッチしながら新しいコスメを試し、新たな変化を楽しんでいきましょう。新しいお洋服、ヘアスタイルでコスメカウンターに行き「このスタイルに合うメイクは？」と相談すれば、新たな自分に似合う、トレンド感のあるメイクのアドバイスをもらえるはずです。

トレンドをつかむ

アイテムを新しく投入する際は、下記3つを押さえると時代遅れの顔にならずに済みます。

- 今のトレンドカラーは何色？
- 人気のテクスチャー（質感）は？　アイシャドー、チーク、リップなどそれぞれチェック。
- 肌の仕上げ方のトレンドは？

「似合っているか」は、写真を通じて確認しましょう。アップや全身のさまざまな角度の写真を撮ってみて、お洋服やヘアメイクのバランスを客観的に見てみると、改善点が見えやすくなります。

お肌は内側からきれいにする

メイクが映えるのは、きれいなお肌に乗せた時。だからこそ、内側からお肌をきれいにすることを心がけています。

特に大切にしているのは食べ物。20代の頃、住んでいたNYでベジタリアンが流行していたこともあり、私も2年ほどお肉やお魚をほぼ食べない生活をしていました。すると、お肌がトーンアップしてシミが消えたのです！　内側からお肌を整えることの大切さを実感しました。

今も乳製品やお肉類、小麦粉を控えること、添加物を摂らないことを意識し、ヘルシーな食生活を楽しんでいます。

　最近は DNA 検査で自分に合った食べ物がわかるので、そうしたもの
も参考にしています。

身体のコリとくすみの関係

　身体にコリがあると、お肌のくすみやたるみに繋がります。私は普段
からストレッチをしたり、最低限の筋肉を維持できるようパーソナルト
レーナーの方についてもらったりして、**定期的に身体を動かす**ようにし
ています。

　日本への出張も多いので、自宅に LED のライトで身体を回復させる
サウナも設置し、中から健康的に、きれいになることを意識しています。

　こうしてお肌を整えていると、スキンケアはシンプルなもので十分。
化粧水代わりになるもの（"Resurfacing Compound" という、肌の生
まれ変わりを促進するスキンケア）をつけて、クリームを重ねて終わり。
ノーメイクの時とお化粧をした時の顔があまり変わらないのが悩みでも
ありますが、「お化粧していないと外に出られない」ということがなく、
いつでも身軽にサッと動けるところは気に入っています。

仕上げはジュエリー

ジュエリーはただのアクセサリー（飾り）ではなく、自分自身を表現する強力な手段。そして、自分美学や個性を体現する特別な存在です。

1 自分の個性や価値観を表現する

ジュエリーには、身につける人の深層心理、個性、情熱が映し出されています。なぜ、その宝石やメタルの色、デザインを選択したのか。そこにその人の思想や価値観、さらには生き方さえもが反映されます。

例えば下記を身につけている人は、こんなメッセージを発していることになります。

例1 ダイヤモンド×ゴールドの
大きめのネックレス

——> ・本物の質感を求めている

・存在感を放つアイテムを好む

例2 どこのブランドか
すぐにわかるデザイン

——> ・ブランドやデザインに
価値を置いている

・他者との一体感や
共通の価値観を大切にする

2 セルフイメージが変わる

上質なジュエリーを選ぶことは、自分への投資です。はじめて身につける時は、「私に似合うのだろうか」と不安に感じるかもしれません。

しかし上質なアイテムを日常使いすることで
自然とセルフイメージが上がり、行動や考え
方までもが洗練されていくことに気がつくで
しょう。当たり前の前提って、意外と簡単に
変えていけるものです。

3 周囲の視線が変わる

　ジュエリーを身につけることで、他者から
の視線が変わります。それまで一度も身に
つけたことのなかった方が、「ジュエリーを身につけるようになったら、
初対面の人やお店の人から大切に扱われるようになった気がします」と
話してくださることも。見られ方が変わることで、新たな関係性が築け
るようにもなります。

4 未来の自分にメッセージを贈る

　毎日身につけるジュエリーは、自分の美学や望む未来を示すもの。ど
う選び、どう身につけるかが、自分へのメッセージとなります。
　私がプロデュースしているジュエリーブランド「Mavie」では、デ
ザインする際に、まず、届けたい想いを頭の中で描きます。例えば、
「Only Be Happy Ring」（左下の写真）のコンセプトは"幸せへの道"。

　「人生は選択の連続だけど、どの道を選ん
でも幸せにしかならない。だから、どんな時
も心に従って選択してみて」。そんな想いを
指輪に込めました。
　あなたは、どんなメッセージを自分に贈っ
てあげたいですか？

リングには2つの経路が描かれていて、どちらの道を
選んでも、「幸せ」へと繋がる形になっています。

45

Let's do it

WORK　好きな指輪から深層心理を探る

1　INTUITION ／ 直感で選ぶ

3つのリングの中で、最も心惹かれるものは？
直感で選んでみてください。

2　INSPIRATION ／ インスピレーションを受け取る

1で選んだリングを身につけている自分の姿を想像してみましょう。どんなイメージやメッセージ、インスピレーションを受けますか？　10個、書き出してみてください。
（例：気品、洗練、存在感、挑戦、冒険）

3　WISH ／ 本当の望みを知る

10個の言葉には、本当の望みや大切にしたい価値観が隠れています。どんな望みが見えてきましたか？　今の自分に足りないと思うもの（＝今、磨くと良いところ）はありますか？

4　VISION ／「似合う自分」から未来を描く

「このリングをはめた自分は、どんな外見をしている？」「どこで誰と何をしている？」などと、イメージを膨らませていきます。目指す未来の方向性が見えてくるでしょう。

似合うジュエリーの選び方

選び方のコツ

KEY 1 { ### 自分のスタイルを理解する
シンプルか、エレガントか、個性的か。自分のスタイルを確立し、それに合わせたジュエリーを選びましょう。

KEY 2 { ### 自分らしさを貫く
お洋服のスタイルは日によって変わるかもしれませんが、ジュエリーはあなたの本質を表現するアイテム。自分が大切にしている価値観に共鳴するものを選びましょう。

KEY 3 { ### 未来へビジョンを具現化する
ジュエリーは、未来への方向性を示すコンパスでもあります。望む自分像をイメージし、未来ビジョンに合うものを選びましょう。

---

5 ### ADVICE ／「未来の自分」からアドバイス
選んだリングが似合う自分になった様子を思い浮かべ、喜びや達成感を先取りして感じてみましょう。さらに未来の自分から今の自分に向けて、「こうしたら叶っていったよ」とアドバイスする形で、叶えるためのステップを考えてみましょう。

---

6 ### FUTURE ／ 未来が今に！
4、5で描いたイメージやプロセスを日常に落とし込み、行動に移していきましょう。未来の自分を意識して日々の選択を重ねていくことで、その未来が現実のものとなっていきます。

＃ ジュエリー Q&A

Q 初めてのジュエリー、何がおすすめですか？

——➤ 人の目線は、自然と首元に引きつけられるもの。初めてのジュエ
リーとしては、胸元を彩るネックレスがおすすめです。自分のス
タイルを確立した後は、ブレスレットやリングなどで遊び心を取
り入れたり、重ねづけを楽しんだりするのも素敵です。

Q 細いチェーンのネックレスは若い人にしか似合わない？

——➤ 細いチェーンでも年齢に関係なく使えます。ただ、シンプルなも
のだけでは物足りなく感じることも。2本3本と組み合わせて重
ねづけしたり、太いチェーンなどを加えてコーディネートしたり
すると、さらに洗練された大人の雰囲気が醸し出されて素敵です。

Q 以前買ったジュエリーの石が、今見ると小さく感じる……。
気に入ってるけれど、似合わなくなったジュエリーを
復活させる方法は？

——➤ 他のアイテムと重ねづけを楽しむのがおすすめ。また、工房など
でデザインを変更してもらうことで、新しい魅力を発見すること
もできます。

Q 重ねづけって難しそう。コツは？

——➤ 長さやデザインを変えて組み合わせるのがポイント。短いチョー
カーと長めのネックレス、異なる形状やメタルカラーのジュエ
リーを一緒につけることで、独自のスタイルを表現できます。

＃ ジュエリーコーディネート実例

MATCH ／ コーディネートのバランス

ジュエリーの重ねづけは、主役と脇役のバランスが重要。主役ジュエリーは目立つデザインで注目を集め、脇役ジュエリーは控えめなデザインで主役を引き立てます。このバランスが取れていると、全体が調和し、エレガントな印象を与えます。逆に、すべてのジュエリーが主役に傾くとバランスが崩れ、結果的にどれも目立たなくなってしまいます。

バランス △　　バランス ◎

METAL ／ 同じメタルカラーで揃えるなら

同じメタルカラーで揃えると、清楚でスタイリッシュな雰囲気が生まれます。リングを重ねづけする時は、ブレスレットをシンプルにするのがポイント。ブレスレットの幅や厚み、ダイヤの有無によって印象が変わるため、華奢な美しさを演出したいのか、意思ある洗練さを表現したいのかに応じて、バランスよくコーディネートすると良いでしょう。

シルバーゴールド

イエローゴールド

3人のファッション人生変革

　私のクライアントの皆さまのトータル・ファッションのビフォーアフターと、ファッションによる変化をご紹介します。

FILE ／ 1 Ms.Akari　アカリ・リッピーさんの場合

BEFORE

ブランディング＝業界のイメージに合わせないといけないという思い込みがあったので、それっぽいものを選んで、業界で埋もれていたと思います。また、ブランディング視点が甘かったので、オフの時は無難な服を選びがちでした。

PROFILE　アカリ・リッピー
　　　　　アーユルヴェーダ講師、株式会社 Sattva 代表
　　　　　@akarilippe_ayurveda

HIROKO'S
POINT

ベストセラー作家のアカリさん。アーユルヴェーダ名門校創設を目指し、おしゃれなジャケットに（写真左）。写真右はナチュラルで洗練されたスタイリングを展開。

AFTER

「繋がりたい人、大切にしている美意識をビジュアルで伝える」ということがよくわかったので、今ではブランディング目線でアイテムを選ぶのが当たり前になりました。細部にこだわる姿勢も身につき、スタイリングが楽しくなりました。

FILE / **2** Ms.Coco　　　栗原加奈子さんの場合

BEFORE

事業で新たな挑戦とリブランディングをしたいけれど、ビジュアルをどう変えれば良いかわかりませんでした。また、「経験値が外見に反映されていない」とご指摘いただき、肩書き先行の表現に縛られていたことに初めて気づきました。

PROFILE　栗原加奈子（Coco）
ウェルネス・ビジネスコーチ、株式会社 Wellcome 代表
@kanakococokurihara

HIROKO'S
POINT

Coco さんの過去の経験も加味し、グローバル感とあふれるエネルギーを表現。「この人にならついていきたい」と感じる、魅力を引き出したスタイリングに。

AFTER

会ってすぐ「講座を受けたいです！」と言われるようになるなど、理想のお客様との出逢いが加速。自分を多面的に表現することで、強さやリーダーシップ、プロとしての自信も引き出され、チーム化して株式会社化。業績は倍に。

FILE / **3 Ms.Yoko**　　伊藤よーこさんの場合

BEFORE

「自立」や「挑戦」というお客
様と共に叶えたい未来がある
のに、ビジュアルや行動から
伝わるのは「優しさ」。ありた
い姿をお客様にうまく表現で
きておらず、自分自身にも何か
ブレーキをかけている感覚が
ありました。

PROFILE　伊藤よーこ
　　　　　起業コーチ、YUMEMiRA 代表
　　　　　⊙ @yoko_ito_88

HIROKO'S
POINT

「控えめな優しさ」から「軸のある美しさ、
経験を兼ね備えたタフなパワー」を映し出す
ファッションへ。よーこさんのスクールの規
模感もスタイルで表現しました。

AFTER

ありたい姿、そして当時の私
に必要だった「強さ」をビジュ
アルで表現していただいて以
来、未来へ進む行動力が自他
ともに驚くほど UP。それを見
たお客様の反応や行動までも
が変わり、共に理想がどんど
んと叶っていっています！

「好き」の前に意識すること

本章の最後に、大切なお話をしたいと思います。私は服や小物を選ぶ時、「好きかどうか」よりも、**「自分が何を主軸としているか」を優先**しています。

例えば、最先端のビジネスを教えている方が、総柄のワンピースを着て、古めかしい印象だとしたらどうでしょう？ 自分にとってはお気に入りの一枚だとしても、周囲からはビジネスの最新事情を知っている人には見えないかもしれません。

「自分は何をしている人か」「どんな自分を見せたいか」によって外見をアップデートすることで、本来の魅力や強みを表現できます。もちろん、嫌いなものを着る必要はありません。まずは自分の主軸から「何を着ると良いか」を考え、その中で自分の「好き」を反映させていくことは可能です。

ぜひ、「私の主軸に合っている？」とチェックを入れるところから始めてみてください。するとお洋服選びもブレず、「自分を表現する」似合うものを直感的に選べるようになるでしょう。

THREE

空間づくり

現実の変化を加速させる鍵

　日常を「想い」で満たすのは、心の豊かさを追求する第一歩です。

　おうち空間は、自分の生き方が反映されたもの。過去の選択基準や今の心の状態が、空間に表れています。でも実は、**その空間が今の自分だけではなく、「未来の自分」をも表している**としたら？　空間が未来をつくるとするならば、今の自分のおうち空間がつくる未来はどんなものになるでしょうか。

　未来の自分のために、おうち空間をアップデートしてみませんか。「良いものを使うのはもったいない」「どうせ傷むから」といった思考は捨てて、とっておきの食器を普段使いにしたり、ピンときた家具を思い切って買ってみたり。「とりあえずこれでいいか」と間に合わせていたものを、心から気に入ったものに替えてみたり。

　おうち空間をアップデートし、日常を想いで満たしていくと、以下のような変化が起こります。

意識のシフト

理想のおうち空間を先取り体験すると、それが理想ではなく現実となり、新しい意識や行動、価値観が自然と日常に浸透していきます。

行動の変化

理想が現実になる瞬間を体感することで、「理想は実現可能」だと確信でき、自己効力感が行動する力となり、どんどん動き出せるようになります。

KEY 3 未来視点

空間から理想を叶えていくことで、今の生活や環境に対する視点が変わり、さらなる望みや新しい可能性、改善点に気づくきっかけとなります。

WORK 空間で自分を表現できている？　CHECK

空間から理想の未来をつくるために、まずは現在地を知りましょう。

1 おうち空間に、心から満足している？　（ YES ・ NO ）

満足している点を3つ書きましょう。

満足していない点を3つ書きましょう。

2 今のインテリアは、何を重視して選びましたか？

（ 機能性 ・ デザイン ・ 値段 ・ 人の意見 ）

その選択基準は、何に影響を受けていますか？

3 今住んでいるエリアは、あなたのライフスタイルにどう影響していますか？　理想とするエリアに住むことで、ライフスタイルはどう変わると思いますか？

4 最後にお部屋の模様替えやリニューアルをした時、気持ちや行動にどんな変化を感じましたか？

5 望む未来を叶えた自分は、どのような空間で暮らしていると思いますか？　その空間を3つのキーワードで表現してみてください。

Let's do it

6 ▶ どれくらいの頻度で、おうちの整理整頓をしていますか？
空間を整えることで得られるプラスの作用は何ですか？

7 ▶ 空間のデザインやインテリアの配置は、あなたの気分やエネルギーにどう影響していますか？

8 ▶ 今のおうち空間は、あなたの自己表現の一部になっていますか？

▶ もしなっている場合、どの部分があなたを表現していますか？

▶ もしなっていない場合、あなたらしくないのはどの部分ですか？

9 ▶ 理想のおうち空間と今の空間にギャップはありますか？
ギャップを埋めるために必要なことは何だと思いますか？

10 ▶ 自分のファッションスタイルとおうち空間のテイストは、調和していますか？　ファッションと空間がより共鳴するために、どんな工夫ができますか？

おうちのお手入れは心のケアになる

おうち空間は、心の風景が映し出される鏡。ものの配置や配色、家具や小物の選び方、整理整頓の具合に至るまで、一つひとつが住んでいる人の心の状態、価値観、欲望を体現しています。

例えば、**部屋が散らかっている時、それはただの物の乱れではなく、心の中のモヤモヤや矛盾、不安など、ある種のサインの表れ**かもしれません。心が満たされ、安らぎを感じる時、頭はクリアでシンプルなもの。物や空間にも気持ちが行き届き、美しく整った空間を保とうと、身体が自然に動き出すものです。

おうち空間をお手入れすることは、心のケアに繋がります。身の回りにあるものをどのように扱うかは、自分自身への愛情の表れ。自分を囲む空間を"思わず大切にしたくなる空間"に変えていくことで、空間全体がほんのり温かくなり、心の安らぎを感じる場所になっていきます。

私のおうち空間にある一つひとつのものには、「好き」が詰まっています。家具も植物も、家にあるもの全て、「こんなところが好き」という思いがあるものばかり。おうちの中が好きなものであふれているから、おうちにいることがとても幸せ。私にとって、おうち空間は"最高のラグジュアリー"で、"最高のパワースポット"。どこか遠くへ行かなくても身近に心癒やされる場所を持つことは、とても大切だと思っています。

空間をきれいに保つコツは、いらないものを置かないこと。書類はスキャンしてデジタル保存し、使わないものはレンタル倉庫で預かってもらうなど、ものを少なくし、すっきりさせることで、心も軽やかになります。

ワイン片手に掃除を楽しむ

おうちを好きな物で満たすと、そこで過ごす時間の全てが楽
しくなります。週末の朝、日差しを感じながらゆっくりと目覚
めます。シャワーから一日をスタートさせ、ベッドメイキング。
空間を整える動きが自然と始まります。リビングルームのクッ
ションを整え、花瓶の水を替え、観葉植物にお水をあげる。
時に音楽を流しながら、ワイン片手にお掃除。明るいテンポ
の曲をかけて、踊りながらお掃除することもあります。

一番しか選ばない

　おうち空間に好きなものだけを取り入れることの大切さを、痛感した出来事があります。

　日本に住んでいた頃、自分の心にピンとくるアイテムに出会えず、心にぽっかり穴が開いたような、違和感を抱えながらの暮らしが続いていました。しかし、それは妥協せず、自分の心に響くアイテムを追求する旅の始まりでもありました。

　その頃、年に何度か、以前住んでいた NY や LA に行くと「これが好き！」とピンとくるものがたくさんありました。ものだけでなく、「その場にいる感覚が好き」「ここが私の場所」という気持ちがどうしても消えず、再移住を決意。「好き！」という感覚を大切に、理想のライフスタイルを探し続けた結果、最高にワクワクする生き方や新たなキャリアへの道が拓かれていきました。

とにかく、一番を選ぶこと。たとえ時間やお金がかかったとしても、その投資は大きなリターンとなって返ってきます。

Let's do it

WORK 二番、三番を手放す

1 EXCESS ／ 自宅にたくさんあるもの

◍ 家の中にあるもので「複数あるけれど、
　本当に必要かどうかわからないアイテム」は何ですか？
　（余分な食器、紙袋、化粧品、服など）

2 FAREWELL ／ 手放す勇気

◍ 心から「これが一番」と感じるものだけを持つために、
　どのアイテムを手放しますか？
　（または何を手放し、何を手に入れますか？）

3 FAVORITES ／ お気に入り

◍ 今のおうち空間で、一番お気に入りのアイテムは何ですか？
　特別に感じるのはなぜですか？

4 ALTERNATIVES ／「二番、三番」の存在

▶ 1で答えたアイテムを一ヶ所に集め、その存在が
自分の心や空間にどう影響しているのかを考えてみましょう。
「二番、三番」アイテムを見て、どんな気持ちになりますか？

5 FEELINGS ／ 空間の感じ方

▶ おうちの中を見て、何を感じますか？
あなたの心の状態とどのようにリンクしていますか？

6 VALUES ／ 価値観の見直し

▶ あなたが大切にしている価値観は何ですか？
その価値観は、今のおうち空間にどのように反映されていますか？

7 FUTURE LIFESTYLE ／ 未来の暮らし

▶ 望む未来を叶えた自分は、
　どんな空間でどんな暮らしを楽しんでいますか？

8 TREASURED LIFESTYLE ／「一番」に囲まれた暮らし

▶「一番のお気に入り」だけに囲まれた暮らしを
　イメージしてみてください。そんな環境での生活を想像したら、
　どのような気持ちになりますか？

9 TO THE FUTURE ／ 未来へ

▶ 理想のおうち空間を叶えるために、今できる一歩は何でしょうか？

無になる空間と時間をつくる

　おうちの中に、心から安らげるお気に入りの空間をつくることは、私たちの創造性や幸福感に深く影響を与えます。おうち空間が心と身体をリフレッシュできる場であればあるほど、日常のストレスから解放され、「自分と深く向き合う時間」が持てるのです。

　私の場合、窓を開け放って外の風を感じながら、ソファでウトウトお昼寝する時間は、まさに至福。好きなコーヒーを丁寧に淹れて、陽光を浴びながらパティオでゆったり飲む。テレビは置かず、静かで心地よい空間をつくる。**雑音が入らない、心が安らぐ空間にいると、自分との繋がりが自然と深まり、インスピレーションが湧き上がります。**アイデアが次々と浮かんでくる感覚は、まるでアーティストがアトリエで創作活動をしているかのよう。

　こうした「無の状態」になれる空間があると、心の混雑が解消され、思考がクリアになります。そこから仕事のアイデアはもちろん、人生に対する新しい洞察やビジョンも生まれるのです。
　「無になれる空間」は、自己探求と再生の場。
　日々忙しい中で、無になる暇があったら他のやるべきことを片づけたいと思うかもしれませんが、10分でも静かな時間を持つことでパワーがみなぎるのを感じるはず。やるべきこともあっという間に終わらせられるようになり、余裕を持って毎日を楽しめるようになります。

心から安らげる空間

おうちに無になれる場所が
なければ、一ヶ所でいいの
で整え、リラックスできる
空間を作ってみましょう。

究極の贅沢は、寝室づくり

　都会の喧騒からほど遠い、まるで森の中にいるかのような静寂と安らぎに包まれた LA のホテルに滞在した時、ふと気づいたことがありました。それは、寝室の奥深い価値です。

　そのホテルのベッドルームは、ただの寝室ではありませんでした。センスあふれるインテリア、柔らかな光が差し込む窓、上質なマットレスや肌触りのいい寝具が、きゅっと優しく包み込んでくれるような感覚がしたのです。その全てがマリアージュされて、「私は大切な存在だ」ということを改めて感じさせてくれたのでした。寝具や空間のデザインがここまで心や自己評価に直接影響を与えるものなのかと驚いたことを、今でも思い出します。

　その後、寝室への視点は 180 度変わりました。それまで「ただ寝る場所」と少し軽視していた空間が、「自分を労り大切にする、リラクゼーションの場」としての価値を持っていることに気がついたからです。

　それ以来、それぞれのアイテムの品質や価値、アイテムが運んできてくれるポジティブなパワーや気持ちへの影響を大切に感じながら選ぶようにしています。

　アメリカでの寝具選びで一番の驚きは、商品数の多さと価格の幅でした。中にはマットレスだけで、500 万円を超えるものも！　作り手の方々の細部に至るまでのこだわりに感銘を受け、寝具探しの旅を始めました。どんな種類のマットレスが自分にとって心地よいのか。どんな寝具の肌触りが好きなのか。**心地よい寝室づくりは、頑張る自分へのご褒美。**

　心満たされる寝室での安眠は、日常のストレスを軽減し、より積極的で前向きな自分を引き出してくれます。その価値は、お金には換算できないほど貴重なものです。

RELAXATION
リラクゼーションの場としての寝室づくり

_{KEY}
1 寝室のリフレッシュ
寝室を見渡して、気になる箇所や改善したい点を
挙げてみましょう。

_{KEY}
2 寝具のチェック
寝具が本当に自分好みか、心地いいものなのかを確認してみましょう。
もしかしたら、買い替え時かもしれません。

_{KEY}
3 リラックスの習慣
寝室にいる時間をリラクゼーションタイムにしましょう。
新しい習慣を作るなら、何から始めたいですか？
ぜひ今日から始めてみましょう！

5ステップで居心地のいい空間へ

未来を変えるために、おうち空間を磨きたい！　そんな方のために、空間アップデートの5ステップをお伝えします。

STEP 1 改革するお部屋を決める

まずは、一番よく使う場所を、大好きな空間にしていくことが大切。リビング、キッチン、ベッドルームのような、普段よく使う部屋からアップデートすることをおすすめします。長い時間を過ごす場所だからこそ、想いに満ちた空間にすることで、日々の感覚が変わってきます。

STEP 2 世界観をキーワードで表す

まずは全体のテーマや雰囲気を明確にします。

InstagramやPinterest、雑誌などでインテリアや空間の写真をたくさん見て、自分の「好き」を明確にしていきましょう。最初は「全部、素敵！」と思っても、だんだん目が肥えてくると「こっちのほうがもっと好きだな」とわかってきます。最後に、「大好き！」と思うテイストの中から「未来の自分が暮らしていそうな空間は？」としぼり込むと、お部屋のコンセプトが見えてきます。望む未来の自分に合ったコンセプトを選んでみましょう。ポイントは、「なんでも選べるなら？」と枠を外して考えること。今のお部屋の制限をいったん外し、ワクワクするものを選ぶのです。

──➤　私の場合は、「**スタイリッシュ**」「**ハリウッド**」「**洗練**」「**大人**」「**爽やか**」「**清潔感**」「**凛とした**」「**シンプルモダン**」「**エレガント**」「**リュクス**」としました。

 RECOMMEND　おすすめ海外インテリアのInstagramアカウント

EyeSwoon（@eyeswoon）
Kelly Wearstler（@kellywearstler）
S T E V E C O R D O N Y（@stevecordony）
SOPHIE PATERSON（@sophiepatersoninteriors）
Thomas Pheasant（@thomaspheasant）

STEP 3　コンセプトカラーを決める

　キーワードから連想される色を3色選びます。ソファやテーブル、壁にかける絵など、お部屋に置く全てのものの「色選びの基準」となる組み合わせを決めておくのです。すると統一感が出て、おしゃれな空間をつくりやすくなります。

　インテリア選びは、お洋服のコーディネートと一緒。未来に向かってデザインやカラーの方向性をガチッと固め、全体のイメージを統一させることで、ブレずに望む未来空間を作れます。

───≫　私は**メインカラー**を**白、黒、グレー**の3色、小物などに使う
　　　　アクセントカラーを**ゴールド、薄い水色、ピンク**と決めました。

大きい家具から変える

目に入りやすく、変化を感じやすい大きな家具から、変えたいものを選んでいきます。リビングならソファ、ダイニングならテーブルとチェア、ベッドルームならベッドからというように。

もちろん、すでに気になっているところがあるなら、そこからどんどん変えていくのも手です。日常のモヤモヤはすぐに解決していきましょう。

大きな家具を変えられない時は、小物だけでも大丈夫。ラグの色やクッションを変えるだけでも、お部屋のイメージがガラッと変化します。ラグに合わせてクッションを変えて、時には壁にかけるインテリアアートまで変えると、家具はそのままでもずいぶん違って見えます。

——▷ 私の場合、ソファを白にしてその脚を黒にし、（写真には写っていませんが）ソファの向かいにグレーのカウチを置くなど、基調となる色を白、黒、グレーのメインカラー3色で統一。アクセントカラーとして、ゴールド、薄い水色、ピンクを小物などで上手に使うことにしました。

空間には異なる素材を組み合わせ、多様性と温かみを引き立ててみたり、色彩は落ち着かせて、**素材の質感とコントラスト**で空間を豊かに演出してみたり。窓際には大きな観葉植物を飾り、**空間に広がりをもたらす工夫**を凝らしてみたり、それぞれのアイテムの高さを変えることで、お部屋に**奥行きとリズム感**を加えてみました。

5 周りのものを合わせていく

大きいものや気になるもの、真っ先に変える家具を決めたら、それに合わせて周りのものも変えていきます。例えば、ソファに合うコーヒーテーブル。ソファとコーヒーテーブルに合うインテリアアート。「**大きいものから小さいものへ**」という順番でどんどん変えていくと、統一感が生まれておしゃれに見えます。

WORK 未来のおうち空間をつくる

SELECT ／ 改革するお部屋を決める

▶ リビング、キッチン、ベッドルーム、それとも仕事部屋？
自分が一番よく使うお部屋を選びましょう。

CONCEPT ／ 世界観をキーワードで表す

▶ 「いいな」と思ったインテリアのInstagramアカウントなどで
最後に残ったのは、どんな世界観？

▶ それをキーワードにすると、どんな言葉？

STEP 3 COLOR ／ コンセプトカラーを決める

 キーワードから連想するコンセプトカラーを
3つ書き出しましょう。

STEP 4 FURNITURE ／ 大きい家具から変える

一番最初に変える家具は？
（一番大きいもの、または一番気になっているもの、
今すぐ変えられるもの）

STEP 5 DECORATION ／ 周りのものを合わせていく

新たな家具に合わせて、何を変えていきますか？
（周りの家具、ラグ、インテリアアート、小物など）

＃ 家具探しは、前提を疑う

　家具を選ぶ際、理想と現実が交わらないことがあります。心から気に入ったものに出会いたい。でも、いくら探しても、「これだ！」と思うものが見つからない。そんな時は、**「本当にその家具を必要としているのか？」「本当に欲しいのか？」** と自分に問いかけてみてください。

　「本棚をずっと探しているけれど、ピンとくるものに出会えない」と悩んでいた方がいました。「いつもリビングに子どもの本が置きっぱなしで散らかっているのが嫌だから、収納するために本棚を買わなくちゃ」と毎晩のようにネット検索するものの、心に響くものが見つからない。

　その理由は、本当は本棚を置きたくないから。心の奥底に「リビングが狭くなってしまうから、できることなら本も本棚も置きたくない」という気持ちが隠れていたのです。どれだけ探しても、一番欲しいものが見つからない。そんな時は、そもそも「本当に欲しい？」と前提を疑いましょう。もしかしたら「なんとかせねば」と、無理やり買おうとしているのかもしれません。

　必要なのは、自分の本当の気持ちを知ること。そして、本当の気持ちを大切にしてあげることです。

　本音に気づいた後の解決策はシンプルで、「本をリビングに置かない」、それだけでした。子どもの本は、子ども部屋で管理する。こうしてリビングはすっきりした空間になり、彼女は心の底から満足する暮らしを送れるようになりました。

　家具探しで「これだ！」が見つからない時は、一度立ち止まって、本当にその家具が必要なのか、前提を見直してみましょう。ただ単に、望みを叶えるものが見つからないだけなのか。それとも、本当は欲しくないのか。本心を見極めることで、心地よい住空間が叶います。

WORK 前提を見直す

欲しくてずっと探しているものはありますか？
（家具以外でもかまいません）

そもそも、なぜそれが欲しいのでしょうか？

買う以外の解決策はありそうですか？

インテリア小物の選び方

WALL ART

インテリアアート

空間を一気にアップグレードしてくれます。オンラインミーティングやライブ配信時に映ると、あなたのセルフブランディングにも一役買ってくれます。お部屋のメインカラーの3色から合わせて選ぶと統一感のある空間が演出でき、家具とアートの色合いが調和すると洗練された雰囲気が生まれます。

SHOP LIST	インテリアアートを購入できる オンラインショップリスト
Crate & Barrel	https://www.crateandbarrel.com/
CB2	https://www.cb2.com/
Arhaus	https://www.arhaus.com/
Lulu and Georgia	https://www.luluandgeorgia.com/
Horchow	https://www.horchow.com/

AROMA CANDLE

アロマキャンドル

爽やかな香り、ハッピーになれる香りなど、いくつか用意しておき気分に合わせて選ぶことで、その時の自分にとってより心地よい空間にできます。

FLOWERS

お花

好きなお花が目に入る暮らしは、心を豊かにしてくれます。私のお客様は起業家が多いため、エネルギッシュなピンク系のお花を選ぶことが多いです。仕事でも日常の暮らしでも、「自分がどうありたいか」「相手にどんな気持ちを感じてもらいたいか」という視点でお花を選び、空間に彩りを加えていきます。

WORK 空間から「未来先取り」

1 NEW LAYOUT ／ 新しいレイアウト
家具を移動し、お部屋の新しいレイアウトを試してみましょう。

　▶ どんな気持ちの変化を感じますか？

2 DECORATION ／ デコレーション
感性が刺激され、見ているだけで幸せになる空間を作りましょう。

　▶ どんな小物やアートを飾りますか？

　▶ どんな気持ちの変化を感じますか？

3 FRAGRANCE ／ 香りのエクスペリエンス

香りは、感情リセットや心身の癒やしに有効な手段です。お部屋
ごとに、好きな香りのキャンドル、ルームスプレー、アロマオイル、
またはベッドシートに振りかけるファブリックミストなどを見つけ
てみましょう。

⫸ お部屋や寝具ごとに選んだ香りは？

リビング：

寝室：

ベッドシート、枕など：

バス・トイレなど：

⫸ 選んだ香りから、
それぞれに何を求めているかを考えてみましょう。

リビング：

寝室：

ベッドシート、枕など：

バス・トイレなど：

家族時間の質を高める意識変革

家族の時間をより価値あるものにするには、時間の使い方に加えて、「空間の使い分け」が鍵。

外で働いている人なら、家に帰った瞬間にパッと切り替えて子どもを優先する。在宅ワークの人なら、仕事専用のデスクと家族とのコミュニケーションスペースを意識的に使い分ける。空間によって自分の役割を切り替えることで、メリハリのある時間の使い方が可能になります。

とはいえ、実際は難しい場合も多いですよね。忙しい毎日の中でも、質の高い家族の時間を確保するポイントを3つご紹介します。

1 自分にしかできないことを優先する

大切な人を大切にし、今のこの瞬間を大切にするために、決めるべきことがあります。それは、自分にしかできないことを何よりも優先するということ。

自分にしかできないことは自分でやる。一方、**頑張ればできるけれど時間のかかることや、人に任せたほうがより効率的なものは、人にお任せする。**私は無理せず、頼めるものは人に頼むことで時間の余白を作るようにしています。

WORK やるべきことを線引きする

▶ 自分にしかできないこと、自分がやりたいことは？
（仕事、育児、家事なんでも）

▶ 人に任せたほうがうまくできることは？

▶ 何を誰にお任せし、手放していきますか？

2 小さなタスクはその場で済ませる

後でやろうとするとつい忘れてしまったり、「これもやらなきゃ」「あれもやらなきゃ」と頭の中がパンパンになってしまったり。いっぱいいっぱいになって身動きが取れなくなる前に、先送りせず、すぐに取り組むことが大切。こうして**頭に余白を、心に余裕を作ります。**

WORK その場で解決する

今「やらなきゃいけない」と思っているタスクは？
（例：メール返信、お皿洗い、お風呂掃除）

5分以内でできることを、全て終わらせてみましょう。
（普段5分以上かけていることも、5分でできる範囲で
一旦やってみましょう）

3 優先順位をつけ、大切なものを大切にすると決める

　仕事と家族時間の両立は、多くの人が悩むジレンマ。私自身も子ども
が小さかった頃は悩んだ一人です。日々仕事に追われる中、子どもとの
限られた時間をいかに大切にするかを考えていました。途切れることな
く仕事が入る毎日の中で特に大切にしていたのは、優先順位。事前に確
保していた子どもとの時間には絶対に他の予定を入れないなど、何を優
先するのかを明確にしていました。

　時間をつくることも一つの手ですが、子どもとの心の繋がりは、時間
の長さより質が重要。**子どもが何を求めているのかを、子どもの様子を
見たり、本人に聞いてみたりして探ってみましょう。** そのポイントを押
さえてあげるだけで、子どもは喜ぶものです。例えば「お風呂だけはマ
マと一緒に入りたい」のだとわかったら、お風呂に一緒に入ることだけ
は毎日欠かさない。たとえ短い時間でも、リラックスしながら子どもと
一緒に思いっきり楽しみます。するとお互いハッピーな、濃い親子時間
が生まれます。

　心からの親子の絆は、こうした瞬間の積み重ねから生まれるもの。「小
さい頃からいつも自分をわかってくれていた」という安心感は、一生の
親子関係を支えてくれます。
　子育ては一瞬、親子関係は一生。 だからこそ、今この瞬間を大切にし
たいものです。

4

FOUR

お金

＃ お金の価値観を洗い出す

　あなたにとって、お金とは何ですか？　「お金」――この言葉に込められた意味や価値観は人それぞれ。一人ひとりが異なる解釈を持つユニークな存在であると感じます。多様な価値観が交錯する中で、お金の真意を見出すのは個々の自由で、その多様性こそが魅力です。例えば私にとっては、

- 可能性とチャンスを広げてくれ、未知の領域への探求を助けてくれる存在
- 人生に余白と豊かさをもたらし、人生の質を向上させてくれるパートナー

　だと思っています。人は経験と学びを重ねる中で成長し、磨かれていく。その道のりの中で、お金は自分を成熟させ、洗練させるチャンスを与えてくれるのです。

　あなたにとって、お金とは何でしょう？　あなたの人生を豊かにするものでしょうか。それとも、何かしらの束縛や苦しみを与えるものでしょうか。

　私たち一人ひとりが、お金に対する自分の価値観を見つめ直した上で、お金との良好な関係性を築いていく必要があるのかもしれません。

それは今のあなたに合った価値観？

　多くの人は親からお金に対する価値観を学び、それを基本として生きています。しかし、それが必ずしも正解とは限りません。世代が違えば、経済状況や価値観も変わります。時には、親から受け継いだ「お金は汚い」「稼いでいる人は悪人」「貯蓄が最も重要」「贅沢はしない」「質素倹約が一番」などといった価値観が、自身の経済的自由や豊かさを阻害するブロックとなることもあります。

　自分はお金に対してどのような価値観を持っているのか、一度立ち止

まり、問いかけてみてください。今の自分の価値観は、自分らしいものなのか、それとも他人の価値観を受け継いでいるだけなのか。もしくは、他人からの押し付けか。

　もし、自分のものではないと気づいたら、今までの価値観を捨てる勇気を持つことが必要。**自分に合わないと感じつつ、違和感に駆られながら、いつまでも握りしめている必要はありません。**積極的に価値観を見直し、"更新"または"一新"させることが大切です。

　古い価値観をクリアにし、ポジティブなものに変えていきましょう。それが、お金と健全な関係を築き、より豊かで幸せな人生を送る一歩になります。

WORK お金に対する価値観を洗練させる

お金と健全な関係を築き、豊かな人生を送るために、
お金の価値観をアップデートしていきしましょう。

1 ▶ お金を使う時、受け取った時の思いを
1週間書き出してみましょう。

① お金を使う時、何を感じましたか？
② その感情によって、結局どんな行動をしましたか？
③ お金を受け取る時、何を感じましたか？

DAY
1
①

②

③

DAY
2
①

②

③

DAY
3
①

②

③

Let's do it

DAY 4

①

②

③

DAY 5

①

②

③

DAY 6

①

②

③

DAY 7

①

②

③

2 ▶ 1で記録した内容を見返し、
自分にはどんなパターンがあると気づきましたか?

3 ▶ お金に対してどんな価値観を抱いていますか?

4 ▶ 両親のお金に対する態度はどうでしたか?

5 ▶ 自分にとって「成功」とは? 「お金」とは?
「成功とお金」の関係は?

Let's do it

6 ▶ 3、4、5で書き出したお金の捉え方はポジティブでしたか、
ネガティブでしたか？
もしネガティブだった場合、これからの自分はどう捉えて
いきたいのか、ポジティブに書き換えてみましょう。

7 ▶ 自分が理想とするお金との関係をイメージしてみましょう。
どんな関係ですか？

8 ▶ お金とより良い関係を築くために、
これからどんな価値観のもと、どんな経験をしていきたいですか？

「未来に近づくもの」にお金を使う

　未来の自分に近づくために、「お金をどのように使うか」はとっても重要なテーマです。

　望む未来を明確に描き、ビジョンを具体化したら、未来に向かって進むために必要なリソース、学び、体験に投資していくことが大切。つまり**未来に投資をしていく**のです。

　例えば、アロマセラピストとして独立し、サロンを開業したいという夢を抱いている方がいました。しかし、彼女にはその一歩を踏み出す勇気がありませんでした。

　この時に必要なのは、同じ夢を叶えている人と出会い、ふれること。アロマセラピストとして成功している方が主催する講座や、サロン経営のノウハウを共有しているコミュニティに参加したり。さまざまなサロンに行ってサービスを体験し、自分がどんなサロンを開きたいのかというアイデアやインスピレーションを得たり。自分の未来のビジョンに近づくために、積極的に行動していくのです。お金は、こうしたことに使っていきましょう。

　この過程での学びや発見は、新たな世界を見せてくれ、成長できる伸びしろを教えてくれます。それは、未来のビジョンを現実のものへと一歩近づける力になります。

　次のページでは、自分の目標や価値観に合わせた、未来投資リストを作ってみましょう。「○○のコース受講」などと具体的に書くと行動に移しやすく、望む未来を叶えるスピードが上がっていきます。

Let's do it

WORK 理想に近づく「未来投資」リスト

1 SELF-GROWTH ／ 自己成長
（例：セミナー受講、読書、コーチングやコンサルティングを受ける）

2 NETWORKING ／ ネットワーキング
（例：交流会やパーティー、コミュニティへの参加）

3 HEALTH & WELLNESS ／ 健康、ウェルネス
（例：ジムに入会、オーガニック系食品やサプリメントの摂取）

4 BUSINESS & CAREER ／ ビジネスとキャリア
（例：資格取得、大学院進学、転職、副業、起業、発信）

5 ASSET MANAGEMENT ／ 金融、資産管理
（例：株式投資や不動産投資、保険の見直し）

6 CREATIVITY ／ 創造と表現
（例：美術や演劇鑑賞、ワークショップへの参加）

7 EXPERIENCE ／ 体験と自己探求
（例：異文化交流、海外旅行、コンテスト参加、インターンシップ、ボランティア）

リターンを大きくする考え方

　「やりたいことや、やったら未来に近づけることが何かはわかった。でも、そこにお金を使えない」。そんな人は、ブレーキがかかる理由がどこかに眠っているのかもしれません。ブレーキを解除し、お金を自由に使えるようになることが大切です。

　お金を使うことに対するためらいは、心の奥底にひそんでいるもの。90〜93ページのワークでブレーキがかかる根源を探りつつ、身近なところからブレーキを外す練習をしてみましょう。例えば、行ってみたかったレストランへ行き、値段を気にせず一番食べたいものを注文してみる。迷ったら、いつもより質の良いものを選んでみる。そんな小さな選択の積み重ねから、お金のブレーキを外していけます。

減るのではなく、増える

　また、**お金を使うことで得られるものに目を向けることも大切。**例えば「毎年海外に行きたいけれど、お金がかかるから行けない」と思っているなら、「海外旅行は贅沢」「お金は有効に使うべき」という価値観が影響しているのかもしれません。海外旅行の経験が未来の自分にどんな価値をもたらしてくれるのか、自己成長にどう役立つのかを明確にすることで、ブレーキを解除していけます。

　「海外に定期的に行くことが、自分の人生にどう生かされるのか」
　「仕事や学びにどう活用できるのか」
　「一緒に行く子どもに、どんな良い影響があるのか」
　など、いろいろな観点からポジティブな影響を挙げてみてください。

　具体的にリストアップすることで、海外旅行への投資がどのようにプラスに作用するかが視覚的にわかります。そして、**「(お金が)減る」のではなく「(経験が)増える」のだと理解する**ことで、ブレーキを外していけます。

　「お金を生かすマインド」とは、お金をただ消費するのではなく、自

己成長や未来実現のための投資として使うマインドセット。お金を使った結果が「コスト」ではなく、「投資のリターン」として自分に還元され、望む未来をつくってくれるのです。

残高を見て怖くなったら

　未来投資をした結果、貯金が減り、残高を見て「ああ、お金がない。どうしよう、怖い」と感じることもあるかもしれません。でも、お金があるから使えているのであり、お金は「ない」のではなく「ある」のです。そして未来投資によって、さらに豊かな学びや新たな経験が「ある」状態へと進んでいるのです。

　投資から生まれたリターンを得るのは、他の誰でもなく、投資した自分です。得た知識やスキルが自分をどう成長させ、将来どのような価値を生むのかを考えると、投資価値が見えてきます。お金を使う恐怖から、未来の成長と可能性に目を向けることができるでしょう。

　面白いもので、**未来への自己投資は、知識やスキル、経験を増やすだけでなく、自己効力感をも向上させます。**「自分ならできる」という自己効力感が、望む人生やキャリアを叶える大きな力になります。

　未来投資の理由を明確にし、日々の行動へと繋げていきましょう。

＃ 二番、三番にお金を使わない

　商品やサービスを選ぶ際、私たちは無意識に「価格」に目がいきがち
です。価格という数字が目に見えているから、それを基準に価値を測っ
てしまう。しかし本当の価値は、もしかするとそこにはないのかもしれ
ません。

　私が何かを購入する際は、**その商品や体験が、自分にどんな「感情」
をもたらし、「人生の質」をどう豊かにしてくれるかを考えます。**新し
い知識、成長の機会、深いリラクゼーション、贅沢な体験、または人間
関係の充実など、「自分がどのように進化し、心豊かになるか」に想い
を馳せる。すると、価格を超えた価値をもたらしてくれるものなのかど
うかがわかります。

　本当に欲しいアイテムが手に入らない時に陥りがちなのは、手に届く
ものを代わりに得ようとしてしまうこと。「とりあえず満足できそう」
「ちょっと違うけど、価格が手頃だし、似ているからいいか」と諦めの
境地で選んでしまう。無意識のうちに価値の本質から目を背け、一時的
に気持ちを満たすための選択をしてしまうのです。

　二番目、三番目を選択した時の高揚感は、一番目を得た時に比べてか
なり下がっているでしょう。この状態では、お金を通して得られるもの
の価値を最大限に引き出すことは難しいかもしれません。

　二番、三番ではなく、「一番」を選ぶことが、豊かな人生を叶える鍵です。

迷う時は「どちらも超える方法」を考える

　シンプルでエレガントなウォルナット製のチェストを探している方が
いました。高さ70cmで、取っ手のないデザインが理想です。時間をか
けて、条件に近いものをやっとふたつ見つけましたが、どちらも完全に
は希望を満たしていません。理想の一品を見つけることの限界も感じて
いました。

　ここでの選択肢は、条件に目をつぶりどちらかを選ぶか、あるいは引き続き探し続けるか。でも、本当にそれだけでしょうか？

　新しいアプローチ方法は、目の前の選択肢を超えて考えること。まずは、国内だけでなく、海外も視野に入れて探す。海外のインテリアショップのサイトから、**新たな選択肢を見つけ出す**のです。

　それでも希望に合うものが見つからないなら、「自分でデザインして作る」ことを考えます。完全オーダーメイドで自分の理想を具現化し、本当に欲しいお気に入りのアイテムを手に入れるのです。

\# お金の流れは「見せ方」で変わる

　自分を見せる力は、他者に与える印象や仕事に大きな影響を持ちます。他者の真の価値を一瞬で理解することは難しく、外見や態度、振る舞いといった視覚的な第一印象で相手を評価しがちだからです。

　これは、自分の価値をいかに他者に伝え、認識してもらうことがどれだけ重要かを物語っています。素晴らしいスキルや豊かな経験、深い人間性を兼ね備えていても、効果的に表現できなければ、その価値をわかってもらうことはできません。

　そこで重要なのが、「セルフブランディング」。自分の持つ価値や特質、知識、スキル、人間性などを、他者に明確かつ魅力的に伝える技術です。専門性、信頼性、誠実さなどが効果的に伝わることで初めて、その人の本来の価値が最大化されていきます。

　スキルや人間性の向上とセルフブランディングは、他者との良好な関係構築、キャリアの向上、ビジネスの成功、そして自身の価値の最大化に直結するのです。

　あなたが「女性起業家として活躍するために、トレンド感のあるライティングを学びたい」と思ったら、どちらの人に興味を持ちますか？

 or

PROFILE　ルイスくるみ　ライティング講師・ライター　📷 @kurumi_lewis

では、「美を磨きたいと」思ったら、どちら人の話を聴きたいですか？

 or

PROFILE　李マルヨン　ビューティーコンサルタント ⬡ @maruyon_lee

　実はどちらの例もビジュアル・ブランディングのビフォーとアフターで、同じ方です。見え方が大きく違っていますね。見た目と信頼度の関係が、おわかりいただけたでしょうか。見た目や振る舞いが整っている人に対しては、自己管理をする余裕やプロフェッショナルさがあると感じられ、信頼度が自然と上がります。「この人は信頼できそう」と感じてもらえることが、話を聞きたい、依頼したいという意欲を引き出し、信頼関係を速やかに構築する手助けとなり、ビジネスの成功に繋がるのです。

業界のスタンダードにならない

　どの業界にも、一定のスタンダードや基準が存在しますが、枠に囚われず、個性と価値を存分に発揮することが、ビジネスで成功する秘訣。他の多くのプロフェッショナルたちとの差別化を図るには、外見でも他者と一線を画す必要があるのです。

　人は、特別な経験や扱いを求め、惹かれるもの。その**「特別」を自分自身で創り出し、表現していける人が、市場で高い価値を持つ**とも言えます。スキルや知識を持った人たちは山ほどいます。単なるスキルや知識だけではなく自分自身の存在そのもの、個性やビジョン、唯一無二の価値が、特別感を生み出すのです。

＃「入ってくるお金」だけを見る

　お金の管理において私は、「使ったお金」ではなく、「入ってくる」「増えていく」というポジティブな面を見るようにしています。お金は「常にあるもの」、そして「循環するもの」として捉えているのです。

　このポジティブな価値観は、母から受け継いだもの。母は楽しそうに仕事をし、お給料日には分厚い茶封筒を持ち帰ってきて、満面の笑みで「今月はたくさんもらったの」と見せてくれました。その時の母の笑顔から「頑張ることは楽しい」という価値観を学んだように思います。

　家でも、家事を手伝うとポイントがたまり、お小遣いに換わるシステムがありました。時には私にも「いつもありがとうね。ヒロコも頑張ってくれたからボーナスね」と、ポイントを2倍や3倍にしてくれたこともありました。

　そんな経験から、「頑張ることの楽しさ」と「努力が報酬となって返ってくることの面白さ」を実感として学びました。**お金は常に「入ってくる」ものと考え、流れに感謝して生きています。**

Chapter

5

FIVE

ライフデザイン

人生をデザインする

あなたは今、「人生が充実している」と心から言えますか？

私たちの人生は数えきれない選択からできていて、振り返るとまるで一冊の冒険物語のよう。物語の各ページは経験や感情という「ピース」によって織り成され、ピースがパズルのように組み合わさることで、私たちの人生ストーリーが紡がれていきます。

未来のページにどのようなピースを加えていくかは、自分次第。**今後どんな経験を望み、どんな感情を求め、最終的にどんな人生を描きたいかによって、自由自在に人生をデザインできるのです。**

ただし人生では時として、予測できない出来事や困難にも直面します。後ほど述べますが、私の人生にもどうにもコントロールできないことが起こり、望み通りの生き方ができなかったこともありました。

それでも人生は一度きり。ブレた軸をグッと戻し、新しいピースを見つけて再構築する力が、私たちにはあります。

もし今、何かに迷い、不満を感じているのなら、人生デザインを見直すチャンスかもしれません。

「本当に大切にしたいものを大切にする生き方」をするのに、遅すぎることも、早すぎることもありません。今、この時がタイミング。今こそ、理想の人生をデザインするスタートを切ってみませんか。

WORK 自分を生きている？　CHECK

Let's do it

どれだけ自分らしい人生を生きているかを、確認してみましょう。

1　SNSを見て、他人と自分を比較して
　　落ち込んだことは一度もない。　　　　　(YES ・ NO)

2　いつも自分の心に従って
　　行動や選択をしている。　　　　　　　　(YES ・ NO)

3　自分の生き方や暮らしに、
　　心から満足している。　　　　　　　　　(YES ・ NO)

4　夢や目標に向かって
　　日々、積極的に行動している。　　　　　(YES ・ NO)

5　他人の成功や幸せを羨むことや
　　自分に不足感を抱くことはない。　　　　(YES ・ NO)

6　生まれ変われるとしたら、もう一度
　　今の自分の人生を選びたい。　　　　　　(YES ・ NO)

7　今日が人生最後の日だとしても、
　　やり残したことはない。　　　　　　　　(YES ・ NO)

8　周りの期待やプレッシャーに
　　流されずに行動できている。　　　　　　(YES ・ NO)

9　自分の心の声に
　　耳を傾けるようにしている。　　　　　　(YES ・ NO)

10　他人の評価や期待よりも、
　　自分の幸せや成長を優先している。　　　(YES ・ NO)

YES に〇をした数を書き入れましょう　　──▷　自分を生きている度

/10

現在地を知る：自己の深層探求へ

自分の想いや欲求、価値観から離れた行動をしてはいませんか？
いつも「やるべきこと」リストに追われていませんか？
心の奥底で感じる違和感や不満は、内側からのサイン。「その選択は、本当に心からのもの？」と問いかけてくれているのです。 この答えを探るのは時に難しく、向き合いたくないこともあるかもしれません。しかし、自分の人生の意義や方向性を明確にするための第一歩です。

　今の自分が、どれだけ過去の選択や経験に影響を受けてきたのかを意識することで、心の奥底に潜んでいる本当の想いを発見できるかもしれません。まずは現在地を把握するところから始めましょう。

WORK　人生の現在地を知る

1　💬 これまでの人生で、尊敬する人、影響を受けている人はいますか？
　　その方々には、どんな共通点がありますか？

2　💬 その方々の言動や生き方に、どんな影響を受けましたか？

3　💬 過去を振り返って、どんな体験や選択が
　　今の自分を形づくる大きな要因になったと感じますか？

4 自分の中で、まだ探求や体験が足りないと感じることは
何ですか?

5 もし時を戻せるのであれば、どの瞬間に戻り、
どう行動したいですか?　それはなぜですか?

　今度は未来に向けて、より意義深い人生を送るための、自己探求の問いに答えてみましょう。

　人生のクオリティは、体験の質によって決まります。未来の体験を自分の手で選び、デザインする喜びこそが、人生の価値をグッと高めてくれるもの。一緒に、未来の道しるべを探してみましょう。

WORK 未来の道しるべを見つける

1 未来の自分が最も大切にしたい価値観は何だと思いますか?

2 その価値観を育むために、どんな体験や学びが
必要だと思いますか?

3 その体験や学びが、望む未来を叶える上で
どんな役割を果たすと思いますか?

「現状整理」は未来への糸口

　毎日直面する無数の選択。その中には、大きな意味を持つものも少なくありません。そんな重要な局面で、直感が未来へと導いてくれることがあります。「どうしても心惹かれる」「ワクワクが止められず、心から離れない」という経験、ありませんか？

　新しい未来への期待感とともに、避けては通れないのが「現状の整理」というステップ。**揺れ動く感情や悩ましい選択に直面することもあるかもしれませんが、この過程を丁寧に進めていくことで、望む未来へと確実に前進していけます。**

　上司との価値観の違いに悩み、退職を考えていた方がいました。しかし同僚との繋がりや、自分が抜けることで迷惑をかけてしまうことへの罪悪感、安定を手放す怖さ、もったいなさなど、色々なことが頭の中を駆け巡り、決断できずにいました。

　ここで大切なのは、全体を捉える高い視座を持つこと。

　個人であれ、組織であれ、逆境を乗り越えて進化を遂げていくものです。全ての選択は、成長への一歩。彼女の退職は一時的に組織に影響を及ぼすかもしれませんが、一個人が抜けることで揺らぐ組織には、組織そのものが向き合うべき課題があります。彼女の決断は、彼女自身の成長を叶えるだけでなく、組織の成長をも後押しする良いチャンス。双方をより良い未来へと導くことだからこそ、自分の直感を信じ、自信を持って新たな一歩を踏み出していっていいのです。

「もったいない」を手放す勇気

　過去の成功や安定を手放すのが「もったいない」と感じるなら、それこそが、私たちの可能性を阻む大きな壁かもしれません。

　私の住むアメリカでは、年齢や過去に関係なく、恐れずに人生の舵を切る人たちがたくさんいます。30代、40代、50代、いえ60代でも学

生に戻るし、職業もガラッと変える。一度きりの人生をより納得いくものにするために、いつからでも何度でも、人生を再編していく。そんな姿には、大きな勇気をもらいます。

　大切なのは、「今、自分が本当に望むことは何か」という心の声に耳を傾けること。これまでの努力や経験は新しい冒険の糧となり、どんな時も自分を支えてくれます。

　もしも、多くの夢や想いを過去に置いてきたと感じるなら、それも大切な経験の一部。経験を糧に、今この瞬間から新たな一歩を踏み出していけばいいのです。想像を超える未来を、自分に体験させてあげませんか。あなたの可能性は無限大です。

WORK 違和感を力に変える

1 FEELINGS ／ 違和感の正体

▧ 過去の選択の中で、違和感を覚えた瞬間を3つ
挙げてみましょう。その時、どんな気持ちになりましたか？

---

2 REASONS ／ 選択の基準

▧ なぜ違和感を覚えたのでしょう？
その時の選択基準は何でしたか？

（例：世間の常識、他者の意見、損得勘定）

---

3 CHANGE ／ 変えたい未来を明確に

▧ 今「変えたい！」と思うことTOP3は何ですか？
もし変えることができたら、どんな未来になると感じますか？

1番目：

2番目：

3番目：

4 ACTION ／ 未来を叶える行動

▶ どんな考え方や行動ができたら、
1番目を叶えていけると思いますか?

5 HAPPINESS ／ 幸せの連鎖

▶ 1番目の実現が、リストの2番目、3番目にも
良い影響をもたらすとしたら、
どんな幸せの連鎖が起こると思いますか?

未来の自分への最高のプレゼントは、「心に従う」今の選択です。
本当の望みを追求し、新しい自分に生まれ変わる勇気を持ちましょう。

自分の「好き」「得意」を探る

　自分の欠点や弱点は明確に語れるけれど、「あなたの強みは？」と聞かれてもすぐに答えられない。そんな時は一度、自分の中にある隠れた宝物を探しに行ってみましょう。まずは、**他人との比較や結果に囚われず、自分なりの努力や大切にしていた楽しみを思い返してみてください。**そこにあなたの「好き」や「得意」が隠れているかもしれません。

　もし「好き」や「得意」と感じるものを見失ったり、後回しにしたりしているなら、外部からのプレッシャーをはじめ、さまざまな要因が潜んでいることでしょう。

　私の場合、小学校時代、何よりも創作活動が好きでした。秘密基地づくりから始まり、住宅情報誌を片手に家具のチラシを組み合わせてインテリアのイメージをつくったり、洋服やジュエリーのデザイン画を描いたり。当時の夢はデザイナー兼ブティックのオーナー。しかし、その夢は早い段階で諦めていました。なぜなら、私の創造性は両親から評価されず、「才能ある者だけが進める道」と苦笑いされていたからです。結果として、「自分には何も特別なものがない」「私には夢がない」とさえ思い込み、若い頃はずいぶん迷走してしまいました。

　しかし時が流れ、これからの人生を考えた時、自分が本当に好きな世界を体験してみたいと思うようになりました。これまでとは無縁の世界、畑違いではありましたが、後悔したくないという一心で、54歳の誕生日を迎えた翌月、飛び込んでみました。

　現在はジュエリーブランドを立ち上げ、ジュエリーデザイナーとして、とってもとっても楽しく充実した日々を過ごしています。

　今、私は実感しています。心の中に眠る「好き」や「得意」は、時が経っても消えることなく、いつでも再発見できるということ。そして、その「好き」や「得意」を追求することが、真の自己実現への道となることを。

POINT 「好き」や「得意」を発見するヒント

1 日常の瞬間に耳を傾けてみる
心が躍る瞬間、夢中になる瞬間、それが「好き」と「得意」を見つける手掛かり。日常の中でワクワクする瞬間を見つけてみましょう。

2 自分メモをとる
「好きかも」「得意かも」と感じた瞬間を記録して、定期的に振り返りましょう。繰り返し出てくる言葉に、情熱の源が眠っているかもしれません。

3 「好き」を深める
「好き」をさらに深めるため、ワークショップ参加や読書など、探求材料になることにどんどん挑戦してみましょう。

4 行動を恐れず、挑戦を楽しむ
「好き」や「得意」は、新しい可能性やチャンスへの扉。扉を叩く勇気を持ち、未知の世界に一歩足を踏み入れてみましょう。

　「好き」や「得意」を見つけることは、自分の真の価値を認識するための第一歩です。

　次のページからは、あなたの価値をどのように受け入れ、生きていくのかについて考えてみましょう。

ありのままの自分の価値を知る

　「『好き』や『得意』は見つかったけれど、だからと言って私のどこに価値があるの?」そう疑問に思うこともあるかもしれません。

　SNS が広がる現代は特に、他者の華やかな発信を見て自分との差に落胆することもあるでしょう。でも自分の本当の価値は、他者の評価や華美な日常に表れるわけではありません。

　私たち一人ひとりに、他の誰とも違う独自の魅力があります。大切なのは、そこに気づくこと。そして、独自性や唯一無二性を大事に育てていけば、真の自分らしさが見えてきて、自然と自分に価値を感じられるようになるということです。

　心に留めておいてほしいことがあります。それは、あなたの存在が、家族、友人、そして大切な人たちに多くの喜びをもたらしているということ。彼らの笑顔や温もりは、あなたが照らす光によって生まれているもの。言葉や行動を超えて、「ただそこにいる」だけで、喜び、安らぎ、安堵感をもたらしているのです。

　これまでの人生を振り返ってみてください。心からの感謝を感じた瞬間はありましたか?　迷いの中での助言、困難な時の支え、悩みを共有してくれる存在。きっと、多くの人たちとの繋がりの中で、ここまで歩んでこられたはず。これは、あなたの周りの人にとっても同じこと。あなた自身も、あなたの大切な人たちの人生に、何かしらの光をもたらしてきているのです。これまで、どれだけの「ありがとう」を受け取ったか。それがあなたの持つ、周りを幸せにする力の証です。

　自分の持つ価値に目を向け、心の底から感じること。そこから、新しい自信や可能性が芽生えていきます。より自分らしい、自分の想いに沿った選択ができるようにもなります。

POINT　自分の価値を感じるヒント

1 {　
周りへの感謝メモ
自分を支えてくれる人、良い影響を与えてくれる人への感謝の気持ちを書き出してみましょう。

2 {　
自分への感謝メモ
日々できたことや、誰かが自分に向けてくれた笑顔の理由、人からもらった感謝の言葉を記録していきましょう。どんな小さなことでもかまいません。迷ったら読み返し、自信に変えていきましょう。

　自分の存在を心から尊重できた時、周りにも喜びや幸せを分けていきたいという想いが生まれます。その想いが循環し、周りの人たちがあなたを応援してくれるようになった時、夢や願いが次々と実現していくことを感じるようになるでしょう。

＃ 瞬間の選択は、永遠の価値

　「やりたい」と思いながらも、「失敗したらどうしよう」と不安に感じ、行動を止めてしまうことがあります。そんな時こそ、頭でごちゃごちゃ余計なことを考えずに、これが今の「ベストな選択」と、心に強く刻みましょう。

　たとえ後になって、「あの時、ああしていたらな」と思うことがあったとしても、**「その時点でのベストな選択をした」**と思い直すことが大切。もっと良い選択肢があったかもしれないと思うのは、実際の瞬間よりも後の知識や経験に基づくもの。選択するタイミングは、その瞬間に最も必要なことを教えてくれるものです。

人との対立や不和が起こったら

　これまで私は、周囲との調和を意識して自分の気持ちに蓋をしたこともあれば、自分の心を貫いたこともありました。そのどちらも、人生の中で大切な「成長の瞬間」でした。人との対立や不和は、互いに学び合い、深い絆を築くための大切なステップ。結果として互いの関係性を卒業するタイミングになることもありますが、変化や挑戦を恐れずに、心からの喜びを叶える生き方を選択しましょう。

　自分が選ぶ道は、自らが紡ぐ人生の物語。「正解」は存在しません。自分を信じて進む。そのステップが、望む未来へと連れて行ってくれます。

POINT　前に進むヒント

1 { 自己認識
「やりたい」と感じた瞬間を大切にする。その感覚をしっかりと感じる。

2 { シンプル思考
不安や恐れにとらわれず、自分の直感を信じる。

3 { 過去の手放し
過去の選択や経験にとらわれず、今の自分を信じて手放す。

4 { オープンな心
全ては成長のチャンスと捉えて、学び尽くす勢いで前へ進む。

5 { 未来創造
心から望む未来に向けて、一つひとつ行動を重ねていく。

あなたは木の幹、仕事や家族は枝葉

　仕事、進学、恋愛、結婚、出産……生きていく中では、色々な出会いやイベントがあります。それはとても幸せなこと。でも、その過程で「自分の一番大切なところ」を捨ててしまったり、見失ってしまったりすることがあります。

　自分の人生を一本の大きな「木」として見ると、木の中心である「幹」は、自分自身の存在、価値観、夢や望みです。しかし、キャリアや結婚、出産など、大きな人生の出来事が、幹が幹であることを奪ってしまうことがあります。周りの人に合わせて生き、気づいたら誰の人生を生きているのかわからなくなる。そんな人も多いものです。

　例えば会社のために連日深夜まで働き、好きなことをする時間がまったくなかったり、心身を壊してしまったり。夫の希望に沿ってフルタイムの仕事を辞めたら、日々の張り合いがなくなってしまったり。親の言う通りに「良い学校」「良い会社」「良い結婚」と進んできた結果、自分が空っぽのような気がしたり。子どもの学業成績を親としての自分の成績のように感じて、必死になって勉強させたり……。これまで、そうした方たちのお話をたくさん聞いてきました。

　仕事や家族は、私たちの人生の「枝」や「葉」の部分。彩りを添えてくれる大切な要素ではあるものの、木の中心は、あくまで自分です。**パートナーも子どもも仕事相手も、誰もが同じように、それぞれの「幹」を持っています。**だからこそ、あなたも自分の「幹」を丁寧に育てることが大切。

　自分らしい人生の「幹」を強く、しっかりと育てていきたいですね。

「自分で選んだ」でうまくいく

　挑戦してみたいけれど、できない理由が山ほどある。そんな時、自分以外の誰かが理由になってしまうこともあるかもしれません。

　転居を伴う新天地での挑戦をためらっていた方がいました。同居するお母様の「近くにいてほしい」という言葉が頭から離れず、自分を縛り付けていたのです。挑戦を選べば、親元から離れて住むことになる。親の期待を裏切ることで罪悪感を抱えてしまうような気がしていました。

　私は彼女に、お母様の言葉の奥にある真意を深く考えてもらうことにしました。一人暮らしになり、寂しいのか？　お母様のお友達の娘さんたちは皆近くに住んでいるから、羨ましいのか？　年をとった時に、お世話をしてほしいのか？　お母様の言葉の真意を探ると、驚きの発見がありました。「近くにいてほしい」の真意は、「ずっと一緒に暮らしてほしい」というわけではなく、「私の存在を忘れないで」という願いだったのです。親の想いを正しく理解することで、彼女は自らの束縛から解き放たれ、新しい人生の章へと進むことができました。

　ここでのポイントは、「自分が選択したかどうか」。もし「お母さんが近くにいてと言うから、同居している」と思えば、5年後、10年後、後悔するかもしれませんし、お母様を恨むようなことになってしまうかもしれません。でも、同じ同居を選ぶにしても「私がお母さんと住みたいからそうする」と、自分の選択であることを意識できれば、そうはならないでしょう。

　人に何かを言われたら、真意を探るとともに、「選択したのは自分」だと意識することが大切。そして先述したように、選択したら、「この選択がベスト」だと信じて進みましょう！

Let's do it

WORK 選択権を取り戻す

1 ▶ 友人や家族にアドバイスを受けた時、それを尊重しますか?
アドバイスがどうであれ、自分の想いを尊重しますか?

2 ▶ 他人の言葉に振り回される時、どんな気持ちがしますか?

3 ▶ 他者の期待や束縛、プレッシャーを感じることはありますか?
それはどんなことですか?

4 ▶ 3に書いたことは事実なのか、それとも自分の捉え方によるもの
なのか、どちらでしょう?　相手の真意を考えてみましょう。

5 ▶ 自分の心の声は何を望んでいますか?
心の声を叶えるために、どんな選択をしていきますか?

全ての選択は、あなたの人生の物語を豊かにしてくれるもの。
自分の想いをもとに行動する勇気を持ちましょう。

予測不可能な出来事との対峙

人生には、予期せぬ出来事が突如として訪れることがあります。その結果、意図せぬ方向へと導かれることもあるでしょう。

2001年9月11日のアメリカ同時多発テロ当時、私のオフィスと自宅はワールドトレードセンターの目と鼻の先にあるウォール街にありました。徒歩数分の場所です。テロ後の街には細かな砂ぼこりが5cmも積もり、戦車が止まっていて、戦場にいるのではと錯覚を起こすほど。すぐに最高レベルの危険地帯に指定され、立ち入り禁止区域となりました。たった数時間前までは、パシッとスーツできめた人たちが行き交っていたのに……。

生後6ヶ月だった息子を抱きしめ、今後の生活と仕事が危ぶまれる現実を目の前に、大きな選択を迫られました。長年住んだNYを離れる。予測不可能な出来事が、人生の方向性を大きく変えてしまったのです。

NYでの当時の暮らしは、私にとってかけがえのないものでした。もしあの出来事がなければ、NYに住み続け、今とはまったく違う人生を歩んでいたかもしれません。しかし、全ては最善の選択。あの一件を境に、それまで考えてもみなかった場所へ足を踏み出すことになり、その選択が新しい景色や価値観をもたらしてくれたのですから。

予測できない未来に向けて、どう選択し、どのように歩んでいくか。それこそがライフデザインの核心です。**未知との出会いへの柔軟な心と、**

毎日の意識的な選択が、日常の中の幸せを紡ぎ出してくれます。

　選んだ環境は、自分の気持ちを映し出す鏡。毎日、心地よく、大好きなものを身の回りにちりばめて日々を彩っていきましょう。

\# 人生は遊園地

　人生は壮大な「遊園地」のようなもの。例えば、私の住むカリフォルニア州のディズニーランドは、トゥモローランド、アドベンチャーランドなどとエリアが分かれていて、エリアごとに異なる魅力と体験があり、「どこに最初に行って、どんな順番で進むか」を自由に決めることができます。

　このテーマパークのように、私たちの人生も自由です。**どこから始めて、次にどこへ飛び込むのかは、自分で決められます。**選んだ場所によって体験できることや学べることは違うけれど、どんな順番で行ってもいい。「先にこっちを満喫したから、あそこに行くのは少し後になっちゃった！」、時にはそんなこともある。でも、行きたいと思ったらいつでも行けて、最終的には全部まるごと楽しめる。人生は、このように広がりのあるものです。

　さらに、**年齢を重ねることで「人生遊園地」の遊び方が深まり、隅々まで味わい尽くせるようになります。**人生という、最高に幸せなテーマパークを思いっきり楽しんでいきましょう！

WORK 人生遊園地を思いっきり楽しむ

▶ これから挑戦したいことを、10個書き出してみましょう。

▶ 全部叶えていけるとしたら、何から始めますか？
最初に始めるものに、丸をつけてみてください。

EPILOGUE

　大人になると、経済的にも精神的にも自立して、なんでも自由に好きなことができるはずなのに、意外と私たちは周りの期待や社会の目を意識しすぎて、日々の忙しさに流され、何のために生き、どんな未来を描いていきたいのかを見失いがちです。

　「本当にこれでいいのかな……」と心の片隅で小さな疑問を感じつつも、時に妥協してしまうのは、誰にでもあること。しかし、忘れてはならないのは、自分をごまかさないこと。自分に正直でいることの価値です。今の選択が未来を形づくるからこそ、自分に対して誠実でいることが、理想の未来への道しるべになります。

　今、自分をだまし、ごまかしていると、ごまかしが積み重なった未来になってしまいます。ごまかしで埋め尽くされた未来なんて、考えるだけでゾッとしませんか。

　今、やりたいことは何か。そのやりたいことが今すぐ叶ったら、その先の未来は、さらにどうしたい？

　ワクワクする未来を、先送りせずに、"今、叶えていく"。

　これから先、どんな人生を歩みたいか、時とともに変化していく未来への想いをゆっくり、じっくり考え、理想の未来を描いていく。そのためには、今この瞬間をどれだけ大切に生きるかが、鍵となります。

日々のライフスタイルの中で自分らしい"Style"を持つこと。単に外見を飾るのではなく、自分の内面を表現する、本質的な自己表現を洗練させること。他者とのコミュニケーションであれ、ファッションであれ、あるいはお部屋のインテリアであれ、本当の自分に合った本物のスタイルを見つけ出すことは、心満たされる生き方をデザインすることそのものです。

　本書は、日々を豊かにする自分美学を軸に、「やりたい！」を一つひとつ実現していくためのヒントを、想いを込めて綴りました。
　やりたいことを「今」できるようになれば、人生がものすごいスピード感で動いていきます。

　人生は一度きり。そして、自分を幸せにしてあげられるのは、自分だけ。
　今こそ、自分の手で、望む人生をデザインしていきましょう。

　皆さまのさらなる幸せを願って。

ヒロコ・グレース

ヒロコ・グレース
Hiroko Grace

起業家、デザイナー、Mavie Group CEO。

米国ロサンゼルス在住。23歳で単身渡米し、28歳の時ニューヨークにて起業。現在は、日米4社経営、経営歴27年。ライフデザイナーとして3万人以上の男女を導き、数多くのカリスマ女性起業家のプロデュースを手がけてきた。使命は、日本女性の精神的・経済的自立を支援すること。この想いを軸に、女性経営者・女性起業家向けのコミュニティ「Business Design Lab」と、上質なライフスタイルから心豊かな生き方を叶えるワークショップ「Avenir」を主催。多くの女性のキャリアと人生の転機をサポートし、想いを実現する生き方を伝えている。

2022年からジュエリー事業にも進出し、ニューヨーク・ロサンゼルス・東京で、リュクスでエシカルなハイジュエリー「Mavie」ブランドを展開中。

『結局、心に従ったほうがうまくいく』『夫を最強のパートナーにする方法』(いずれも大和書房) など、著書4冊。

[Instagram] @hirokograce

https://mavienewyork.com

編集協力：ルイスくるみ

今すぐ人生が動き出す ライフデザインBOOK

2024年3月25日　第1刷発行

著　者	ヒロコ・グレース
発行者	佐藤 靖
発行所	大和書房
	〒112-0014　東京都文京区関口1-33-4
	電話 03-3203-4511

装丁	bitter design
撮影	NY: Natasha Husein @natashahusein
	LA: Olga Pankova @olga.pankova.ph

本文印刷	光邦
カバー印刷	歩プロセス
製本	ナショナル製本